Tchapi Honoré Djé

Saudi Arabia, 1ère puissance en une vingtaine d'années

Tchapi Honoré Djé

Saudi Arabia, 1ère puissance en une vingtaine d'années

L'exercice d'une force sur des terres conquises et au-delà

Éditions Muse

Imprint

Cover image: www.ingimage.com

Publisher:
Éditions Muse
is a trademark of
International Book Market Service Ltd., member of OmniScriptum Publishing Group
17 Meldrum Street, Beau Bassin 71504, Mauritius

Printed at: see last page
ISBN: 978-620-2-29602-1

Elisha Ben Yeshoua.

Saudi Arabia, 1ère puissance mondiale en une vingtaine d'années

L'exercice d'une force sur des terres conquises et au-delà

Saudi Arabia, 1ère puissance mondiale
en une vingtaine d'années
L'exercice d'une force sur des terres conquises et au-delà

Introduction

Devenir et rester une puissance mondiale ou la première des puissances mondiales cela n'est pas donné à n'importe quel peuple ou n'importe quelle nation.

Le Royaume d'Arabie Saoudite avance, essaie de se métamorphoser de l'intérieur afin de rester en vie en tant que royaume au milieu de toutes ces républiques à régime présidentiel, directorial ou autres.

Mais le Royaume Saoudien pourra-t-il tenir bon et longtemps sans dommage s'il ne parvient pas à imposer sa particularité ?

Sans se donner les moyens et prendre les moyens pour devenir, le Royaume Saoudien ne sera-t-il pas emporté par la mouvance politique qui tue les particularités et en fait une généralité ?

Mais, peut-on devenir si nous ne manifestons pas une certaine force, une certaine puissance ?

Une nation, un royaume peut-il subsister contre et envers tous lorsque ce dernier ne décide pas ou ne commande pas ses propres faits et gestes, mais qu'un autre les lui impose ?

Si un royaume fort ne court pas vers ou à la recherche de sa puissance qui fera de lui celui qui décide et non celui pour qui l'on décide, pourra-t-il se développer comme il le souhaite et le projette ?

Faire un projet et avoir un plan de développement économique...toutes ces stratégies pourront-elles subsister si nous ne sommes pas une puissance territoriale, démographique, économique, diplomatique, culturelle... qui conduit les décisions au niveau mondial ?

L'Arabie Saoudite décide-t-elle d'être l'une des premières puissances mondiales ou souhaite-t-elle juste rester un royaume à qui l'on dicte ce qu'il faut ou ne faut pas, ce dont il a droit ou pas ?

Le Royaume d'Arabie Saoudite a-t-il cette vision de devenir le porte-parole, la première voix, la voix la plus audible ?

A-t-il vraiment envie de croitre et devenir grand, le plus grand ?

Personne ne conseille ce niveau et personne ne pense le voir à ce niveau.

Mais est-ce parce que personne ne croit que nous ne pouvons pas être au-dessus que nous ne serons pas au-dessus ou que nous ne pouvons pas revêtir le vêtement de première puissance mondiale ?

La première place est-elle inimaginable pour celui qui le peut ?

Être la première puissance mondiale, est-ce inimaginable ?

Saudi Arabia, 1ère puissance mondiale
en une vingtaine d'années
L'exercice d'une force sur des terres conquises et au-delà

TABLE

Saudi Arabia, 1ère puissance mondiale en une vingtaine d'années

L'exercice d'une force sur des terres conquises et au-delà

La génération passe et chaque époque permet et donne l'opportunité d'être. Mais cette opportunité qui se laisse posséder par les temps et les circonstances créées ne restera pas toujours nôtre car une autre génération arrive et nul ne sait ce qu'elle pense ou projette et même fera.

Saudi Arabia, 1ère puissance mondiale en une vingtaine d'années

L'exercice d'une force sur des terres conquises et au-delà

La naissance des puissances mondiales

Les puissances mondiales ou les nations appelées puissances mondiales ont une histoire qui remonte de très loin et qui ne leur appartient pas forcement, mais n'a été qu'un modèle sur lequel ou au travers duquel elles se sont bâties, rebâties et sont devenues.

Pour devenir une puissance, il est très important de comprendre le passé des puissances actuelles ou les puissances du passé qui ont donné naissance à celles d'aujourd'hui ou ont laissé leur place à celles que nous connaissons

- **Les anciennes grandes puissances**

Avant toute chose, il est bon de savoir ce que l'on entend par grande puissance ou qui est nommé grande puissance.

Selon la signature du traité de Chaumont en 1814 qui formalisa la division entre grande et petite puissance :

une grande puissance est un état ou une nation qui, grâce à sa force économique, politique et militaire, est capable d'exercer un pouvoir et une influence non seulement sur sa propre région du monde mais au-delà des autres.

Saudi Arabia, 1ère puissance mondiale
en une vingtaine d'années
L'exercice d'une force sur des terres conquises et au-delà

Nous avons :

L'Ancien Proche-Orient :

Il englobe les premières civilisations de l'âge de bronze, depuis l'ascension de Sumer en Mésopotamie et Gerzeh en Egypte au IV millénaire avant notre ère jusqu'à l'expansion de l'empire persan au VI siècle avant notre ère.

- L'ancien Egypte
- Sumer et Akkad
- Mittani
- Babylone
- Assyrie
- Empire Hittite
- Phénicie
- Empire carthaginois
- Iran antique

L'Ancienne Afrique sub-saharienne :

Les royaumes de l'Afrique subsaharienne ont exercé une grande influence à l'intérieur et à l'extérieur de leurs propres royaumes.

Le Royaume de Koush a acquis une réputation de richesse et de vigueur militaire dans le monde antique.

- Kerma

- Kush
- Macrobie
- Empire Aksoumite

<u>L'Ancienne Inde</u> :

L'Inde ancienne, qui comprenait le sous-continent indien était unifiée sous le règne de nombreux empereurs et gouvernements de son histoire.
Plusieurs empires indiens ont pu s'étendre dans le sud de l'Asie, intégrant une grande partie de la région et parfois même au-delà.

- Indus
- Empire Nanda
- Empire Maurya
- Empire Shunga
- Empire Chola
- Empire Gupta

<u>L'Ancienne Chine</u> :

L'ancienne Chine englobe

- La dynastie Shang
- La dynastie des Zhou
- La dynastie Qin
- La dynastie Han

- La dynastie Jin

<u>L'Ancienne Europe</u> :

L'ancienne Europe englobe

- La Grèce ancienne
- Les États Hellénistiques
- Empire Séleucide
- Empire Ptolémaïque
- Empire Romain
- Royaume Dace

<u>L'Ancienne Steppe Eurasienne</u> :

L'ancienne Steppe Eurasienne englobe

- Scythie
- Sarmates
- Xiongnu
- Empire Hunnique

- <u>Les grandes puissances modernes</u>

Ces puissances peuvent être divisées en deux catégories : les premiers pouvoirs modernes et les grandes puissances historiques modernes.

Saudi Arabia, 1ère puissance mondiale en une vingtaine d'années

L'exercice d'une force sur des terres conquises et au-delà

Parmi les premiers pouvoirs modernes nous avons :

- La France de 1450 à 1815
- Les Etats italiens indépendants (Florence, Rome, Venise, Gênes) du XVe au XVIIe siècle
- La dynastie Qing de 1600 à 1700
- La dynastie des Safavides de 1501 à 1736
- La République Hollandaise de 1581 à 1795
- Le premier Empire Britannique de 1600 à 1815
- L'Empire Moghol de 1526 à 1857
- L'Empire Ottoman de 1453 à 1923
- Le Commonwealth polonais-lithuanien de 1569 à 1795
- Le Portugal de 1415 à 2002
- Le Royaume de Prusse de 1525 à 1871
- Le début de l'Empire espagnole de 1492 à 1815
- L'Empire suédois de 1611 à 1721
- L'Empire Russe de 1400 à 1815

Saudi Arabia, 1ère puissance mondiale en une vingtaine d'années

L'exercice d'une force sur des terres conquises et au-delà

Parmi les grandes puissances historiques modernes nous avons :

- La France de 1815 à 1956
- Le second Empire britannique de 1815 à 1956
- Le dernier Empire espagnole de 1815 à 1898
- L'Empire autrichien (Autriche-Hongrie) de 1804 à 1867 et 1867 à 1918
- La Prusse et l'Allemagne de 1815 à 1871 ; 1871 à 1933 et 1933 à 1945
- Le dernier Empire Ottoman de 1815 à 1923
- L'Empire Russe et l'Union Soviétique de 1815 à 1917 et 1917 à 1991
- L'Empire Italien de 1871 à 1947
- L'Empire du Japon de 1868 à 1945
- Les Etats-Unis d'Amérique de 1900 à ce jour.

Depuis le début du 19e siècle, les principales puissances connues ou qui maintiennent leur présence parmi les grandes puissances actuelles sont :

- Le Royaume-Uni
- Les Etats-Unis d'Amérique
- La Russie
- Le Japon
- La Chine (depuis la fin de la deuxième guerre mondiale)
- L'Allemagne

Saudi Arabia, 1ère puissance mondiale en une vingtaine d'années

L'exercice d'une force sur des terres conquises et au-delà

Les puissances mondiales se sont construites en plusieurs années et ont pour la plupart d'entre elles opté pour une pérennisation de leur pouvoir en posant des actions diverses.

Les puissances mondiales ne naissent pas ou ne sont pas nées sur un coup de tête, mais cela a été réfléchi, mûri et mis en œuvre.

L'action a suivi une réflexion, et la réflexion une parole.

Les puissances mondiales ne naissent pas du fait que l'on ait constaté ce que l'autre a ou est, mais elles sont parce que d'abord une parole a été.

Saudi Arabia, 1ère puissance mondiale en une vingtaine d'années

L'exercice d'une force sur des terres conquises et au-delà

Le régime politique du Royaume d'Arabie Saoudite et celui des grandes puissances mondiales

Le Royaume d'Arabie Saoudite avance, investi, essaie de se métamorphoser de l'intérieur afin de rester en vie en tant que royaume au milieu de toutes ces républiques à régime présidentiel, directorial, semi-présidentiel ou autres. Mais le Royaume Saoudien pourra-t-il tenir bon et longtemps sans dommage(s) s'il ne parvient pas à imposer sa particularité ?

Sans se donner les moyens et prendre les moyens pour devenir, le Royaume Saoudien arrivera-t-il à ne pas être emporter par la mouvance politique qui tue les particularités et en fait une généralité ?

Lorsqu'une puissance mondiale nait, ce n'est pas qu'un simple mot mais tout une culture qui se communique et voudrait s'étendre quitte à emporter toutes les autres pour rester seule ou avec celle qui lui ressemble ou avec qui elle a des similitudes.

En 2019, les différents régime politique sont les suivantes (selon la carte ci-dessous) :

Saudi Arabia, 1ère puissance mondiale en une vingtaine d'années

L'exercice d'une force sur des terres conquises et au-delà

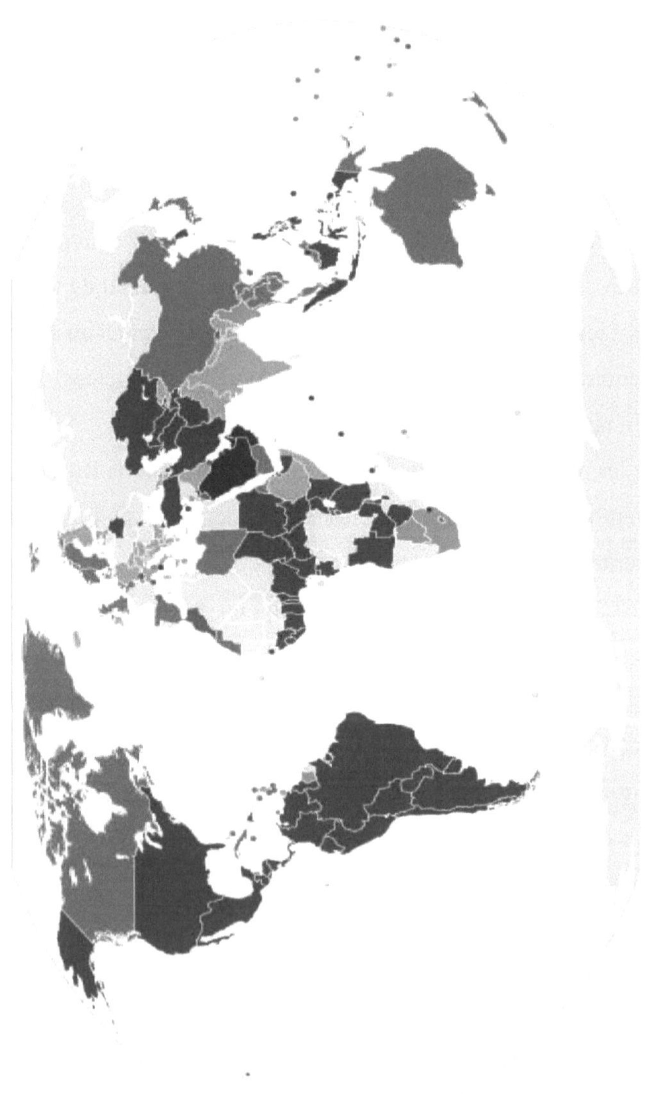

Saudi Arabia, 1ère puissance mondiale en une vingtaine d'années

L'exercice d'une force sur des terres conquises et au-delà

REPUBLIQUES

	Républiques à régime présidentiel
	États à régime directorial
	Républiques à régime semi-présidentiel
	Républiques à régime parlementaire
	Républiques dont la constitution n'accorde le droit à gouverner qu'à un parti unique ou un parti dominant

MONARCHIES

	Monarchies constitutionnelles à régime parlementaire dans lesquelles le monarque n'exerce pas le pouvoir
	Monarchies constitutionnelles dans lesquelles le monarque exerce le pouvoir, souvent avec un parlement disposant de faibles pouvoirs
	Monarchies absolues

GOUVERNEMENT MILITAIRE

	Dictatures militaires
	Non connu

Saudi Arabia, 1ère puissance mondiale en une vingtaine d'années

L'exercice d'une force sur des terres conquises et au-delà

Tous ces régimes exercent sur un territoire et essaient d'étendre leur exercice au-delà de leur frontière.

Lorsque ces régimes rencontrent d'autres qui sont plus puissants ou qui font partie des grandes puissances mondiales, un constat est fait :

Ces régimes sont influencés ou sont soumis aux cultures ou au régime de ces grandes puissances.

Lorsqu'il y a de la résistance, les relations entre ces puissances et ces états s'en trouvent fragilisées et finissent le plus souvent dans des troubles au sein des moins puissantes.

Lorsqu'une entreprise rencontre une autre qui est moins grande qu'elle, la première des choses qui lui vient à l'idée c'est de se saisir de cette petite société non pas pour la détruire ou pour qu'elle arrête de vendre ses produits ou ses services, mais pour en prendre le contrôle.

Ainsi, elle lui propose de la racheter.

Lorsque cette dernière société refuse d'être rachetée, la grande société va utiliser tous les moyens en sa disposition et en sa possession pour se saisir coûte que coûte de la petite société.

Ainsi, elle lui mettra de la pression au niveau de ses fournisseurs ou de ses achats ;

elle lui mettra de la pression au niveau de sa logistique ou de ses livraisons ;

elle lui mettra de la pression au niveau de sa production ;

elle lui mettra de la pression au niveau de ses ventes ;

elle lui mettra de la pression au niveau de ses services ;
elle lui mettra de la pression à tous les niveaux, même dans sa communication ;
elle ira même jusqu'à créer une autre entreprise concurrente de cette petite entreprise qui refuse d'être rachetée par elle.
Toutes ces pressions dureront aussi longtemps que la petite entreprise résistera et aussi longtemps qu'elle refusera que la grande entreprise la rachète.
La grande entreprise ira jusqu'à prendre des parts dans la petite entreprise, avoir des actions dans la petite entreprise...
Et si la petite entreprise ne veut toujours pas, la grande entreprise décidera d'aller en fusion ; et si la petite entreprise ne veut toujours pas, la grande entreprise ira jusqu'à soudoyer les hauts dirigeants ou le conseil d'administration de la petite entreprise afin que celle-ci devienne propriété de la grande entreprise.
Il en est ainsi de la grande puissance mondiale ou des régimes des grandes puissances mondiales face aux régimes des autres nations ou royaumes.
Il en est de même pour le régime du royaume d'Arabie saoudite et les autres régimes des grandes puissances.
Ces puissances ne viendront pas juste dire qu'il faut que le Royaume fasse ci ou ça pour évoluer, mais mettront tout en œuvre pour que le royaume perde sa particularité, perde son régime, perde ce qui fait de lui ce qu'il est afin de

pouvoir, dans sa faiblesse, se saisir de ce que possède le royaume ou que les resources du royaume leur reviennent.

Ainsi, le régime est le premier ou sera le premier élément dont va s'attaquer les grandes puissances afin de venir à bout du royaume ou se saisir du royaume, ensuite viendront divers autres éléments susceptibles de l'affaiblir totalement de l'intérieur voire de l'extérieur.

Saudi Arabia, 1ère puissance mondiale en une vingtaine d'années

L'exercice d'une force sur des terres conquises et au-delà

Quelle force pour que le Royaume subsiste ?

Mais, peut-on devenir si nous ne manifestons pas une certaine force, une certaine puissance ?

Un peuple, un royaume peut-il subsister contre et envers tous lorsque ce dernier ne décide pas ou ne commande pas ses propres faits et gestes, mais qu'un autre les lui impose ?

Si un royaume fort ne court pas vers ou à la recherche de sa puissance qui fera de lui celui qui décidera et non celui pour qui l'on décide, pourra-t-il se développer comme il le souhaite et le projette ?

Lorsque nous avons une force, il ne suffit pas d'en avoir une pour rester ou résister, mais il faut aller au-delà, il faut que la force soit vôtre.

Il faut que la force que nous avons devienne une particularité.

Il faut qu'on puisse nous reconnaître par la force que nous déployons.

Il faut que par la force que nous mettons en place les autres puissent dire : c'est le Grand pays venu du Moyen-Orient qui approche !

Lorsqu'une personne parle, ou marche, ou saute ou fait quoique ce soit, lorsque ceux qui ont pour habitude de la voir constate sa manière de faire, ils la reconnaissent immédiatement.

Et lorsqu'ils reconnaissent que c'est elle, ce n'est pas jute : je te reconnais et

c'est tout, mais c'est je reconnais que c'est toi qui marches ainsi, je reconnais que c'est toi qui a pour habitude de te déployer ainsi, je reconnais que c'est toi qui arrive sur ce territoire ou sur tel autre.
Lorsque vous rencontrez le lion, vous ne dites pas voici un chat ou un chaton ou voici un lièvre, mais vous le reconnaissez et immédiatement vous courrez soit vous mettre à l'abri ou vous armer afin de pouvoir ne pas être saisit par lui.
Aucun animal ne verrait un lion et ferait comme s'il avait vu une gazelle ou un zèbre.
Lorsque les animaux voient le lion, ils sont tous sur leur garde et aucun d'eux n'est léger dans sa manière d'avancer.
Même lorsqu'un animal est train de se nourrir, il ne se plonge pas totalement dans sa nourriture, mais garde les yeux ouverts et fait de nombreuses petites pauses parce qu'il sait qu'il serait une proie pour un lion qui le trouverait là.
Il y existe d'autres animaux dangereux, mais de tous, le lion est très craint.
Déjà parmi les animaux, mais au-delà, lorsqu'un Homme rencontre un lion, il ressent comme une certaine force qui émane de ce lion.
Une créature dans les yeux duquel il n'y a pas de peur, une créature qui ne sait pas dire non à une proie qui se présente à elle.
Une créature dont la tête, les pâtes et même tout le corps sont imposants.
Même lorsque vous voulez avoir comme animal de compagnie un lion, vous faite attention à tout ce que vous faites, et ne vous laissez pas aller, vous ne

dites pas aujourd'hui je suis content donc j'oublie d'avoir des habitudes que j'ai avec ce lion.

Vous ne dites pas aujourd'hui, je n'ai pas donné de la nourriture à mon animal de compagnie, mais je vais aller le chercher et ensemble nous allons aller nous balader.

Il est sûr et certain que vous n'en reviendrez pas.

Pourquoi ?

Le lion que vous aviez comme animal de compagnie vous aura pris pour cible et comme nourriture.

Après, il devient ou redevient l'animal de compagnie.

Un lion est imprévisible.

Un lion dit non aujourd'hui et demain peut dire oui.

Un lion poursuit aujourd'hui et demain ne poursuit pas.

Un lion attaque tous les animaux, mais tous les animaux ne s'aviseront pas à attaquer un lion.

Un lion se sert de tout animal pour nourriture, mais tout animal ne se sert pas d'un lion pour nourriture.

Il en ait de même pour une force.

Si vous êtes ou devenez une force, vous devez avoir votre particularité, vous devez avoir la particularité d'un lion.

Nous ne disons pas qu'il faut ressembler à un lion ou marcher comme un lion, mais nous disons qu'il faut avoir les habitudes ou ce que l'on voit à travers un lion :

- Imprévisible
- Redoutable
- Sans peur
- Qui s'attaque à qui il veut et quand il veut
- Qui fait grâce à qui il veut comme il veut
- Qui aime qui il veut comme il veut
- Qui poursuit qui il veut comme il veut
- Qui protège qui il veut
- Qui garde qui il veut
- Qui plonge dans le sang de ses ennemis
- Quoi poursuit sa proie jusqu'à l'atteindre
- Qui n'arrête pas sans avoir reçu ce qu'il recherche
- Qui règne sur un territoire et peut aller au-delà
- Qui ne peut être dompter
- Qui est admiré
- Qui marche avec confiance…

Une force, une véritable force, qui lorsqu'elle est en mouvement tous tremblent et se cachent.

Tous les animaux de la forêt cherchent une cachette ; tous les animaux de son univers cherchent un lieu de sécurité.

Pourquoi ?

Saudi Arabia, 1ère puissance mondiale en une vingtaine d'années

L'exercice d'une force sur des terres conquises et au-delà

Non pas que le lion attaque parce qu'il faut attaquer et sans raison, mais parce qu'il est reconnu comme étant puissant et sans peur et qu'il ne s'arrête pas avant d'avoir saisi sa proie, avant d'avoir dévoré sa proie.

Si nous n'avons pas une force qui nous est particulière, alors nous seront de ceux qui se cachent et non de ceux qui poussent les autres à se cacher.

Un royaume ne subsiste pas parce que juste ce royaume est ancien ou que ce royaume est de l'est ou de l'ouest.

Non, un royaume subsiste parce qu'il a de la force et que sa force traverse les générations et ne s'épuise pas.

Un royaume reste parce que sa force reste.

Le Royaume Saoudien a besoin de rester.

Le Royaume Saoudien a besoin d'avoir sa force et c'est cette force là qui fera d'elle le Royaume Saoudien reconnu par tous et par toutes.

Saudi Arabia, 1ère puissance mondiale en une vingtaine d'années

L'exercice d'une force sur des terres conquises et au-delà

Un plan de développement général dans la perspective d'exercice du pouvoir au niveau local et mondial

Le pouvoir s'exerce depuis et jusque dans les maisons et en dehors du territoire.

Le pouvoir ne se limite pas à ce que nous avons, ni à ce que nous pouvons, mais à la manière dont nous appréhendons ce pouvoir.

Si nous le voyons faible, il le sera et si nous le voyons fort il le sera.

Nous ne pouvons pas obtenir un pouvoir ou avoir un pouvoir si ou lorsque nous ne pensons pas que le pouvoir que nous avons en est un.

Quand nous régnons et que notre règne est dérangé ou que l'on perturbe notre règne il n'est pas souvent rare de voir que cela est dû au fait nous ne sommes pas à notre place ou ne régnons pas comme il se doit.

Le règne est stable et stabilisation.

Comment peut-on changer une eau en autre chose ?

Comment peut-on changer la mer en sable ?

Il est tout à fait possible de faire sortir le sable de la mer ou de faire sortir l'eau d'une zone désertique, mais lorsque cela a lieu il n'est pas dit que l'élément qui surgit dans l'environnement étranger est celui qui prend toute la place.

Saudi Arabia, 1ère puissance mondiale en une vingtaine d'années

L'exercice d'une force sur des terres conquises et au-delà

Faire sortir l'eau des sables désertiques ce n'est pas remplacer l'eau par les sables du désert.

Ainsi lorsque votre régnez et que votre règne est troublé, il n'est plus question de règne ou il n'a jamais été question de règne car le règne ne peut être interrompu si ce n'est parce que le règne ne l'est pas.

Et que disons nous.

Tout simplement que le pouvoir est pouvoir et rien ne peut venir contre le pouvoir.

Si vous avez le pouvoir, si vous avez véritablement le pouvoir, vous n'avez pas que la force de la parole, mais vous avez la force armée, la force de faire entrer ou faire sortir ce que vous voulez ou espérez dans l'environnement dans lequel vous régnez ou exercez le pouvoir.

Le pouvoir est une ville forte et imprenable.

Le pouvoir est un siège qui dure et n'arrête pas avant d'avoir soumis ou conquis.

Le pouvoir c'est la partie la plus forte de ce que nous possédons que l'espace que nous occupons ne peut défaire.

Occuper un espace, on ne peut le faire que parce que le pouvoir est en notre possession.

Mais que faisons nous de ce pouvoir-là ?

Qu'est-ce que nous faisons avec le pouvoir que nous avons ou que l'on nous donne ?

Saudi Arabia, 1ère puissance mondiale en une vingtaine d'années

L'exercice d'une force sur des terres conquises et au-delà

Qu'est-ce que nous faisons avec une telle force ?

La laissons-nous à quelqu'un d'autre ?

Laissons-nous quelqu'un d'autre nous mener à droite ou à gauche et nous faire perdre cette force ?

Car c'est une force et non la moindre.

Le pouvoir est une force qui oblige et emmène à la soumission.

Lorsque la soumission n'est pas, le pouvoir n'est pas, et lorsque le pouvoir n'est pas, alors vous êtes dominés ou sous domination.

Vous qui deviez dominer, vous êtes réduits à être dominés.

Vous qui deviez exercer, vous êtes réduits à subir l'exercice.

Ainsi, le pouvoir reste un élément essentiel de la gouvernance et même du développement.

Si nous avons l'intention de nous développer de manière efficace et à travers les territoires, nous devons avoir un chose et la tenir en main : le pouvoir.

Il n'y a pas d'expansion ou de développement sans le pouvoir.

Le pouvoir a la capacité de se déployer ou de déployer.

Le pouvoir est capable de donner un nouveau visage à un royaume.

Le pouvoir a la capacité de donner à un royaume de se percher dans les hauteurs des nations et même devant toutes les nations.

Si vous n'avez pas le pouvoir, il n'est pas possible de développer ou de se développer.

Le pouvoir assure le développement, le pouvoir assure la réussite dans le

déploiement de toute notre stratégie.
Nous pouvons avoir une stratégie qui a fait ses preuves, mais si le pouvoir n'est pas, notre stratégie va se terminer dans la soumission à ceux à qui nous ne souhaitions pas être soumis.
Le pouvoir donne à la stratégie tout son sens et sa maturité.
Un fruit mûr peut se consommer, mais un fruit qui n'est pas mûr se consomme difficilement.
Il en est ainsi de la stratégie de développement que nous déployons ou souhaitons déployer.
Si cette stratégie n'est pas mûre, alors elle ne permettra pas de développer ou de nous développer.
Or ce qui fait ou est capable de faire murir la stratégie, c'est le pouvoir.
La stratégie ne peut pas mûrir d'elle-même, c'est impossible.
Tout comme la terre ne peut s'éclairer d'elle même et a besoin des étoiles comme le soleil pour être éclairée ainsi la stratégie à besoin du pouvoir pour briller.
Avant de mettre en œuvre une stratégie, il faut d'abord se saisir du pouvoir.
Il faut aller prendre le pouvoir.
Il faut aller parler avec le pouvoir.
Sans le pouvoir comme ami, sans le pouvoir comme compagnon, sans le pouvoir comme frère, sans le pouvoir comme appui, il est totalement impossible de voir sa stratégie donner du fruit ou porter du fruit.

Saudi Arabia, 1ère puissance mondiale en une vingtaine d'années

L'exercice d'une force sur des terres conquises et au-delà

Le fruit peut souvent être consommé et nous pouvons nous dire que nous consommons le fruit de par la stratégie que nous avons mis en œuvre.
Mais en fait nous consommons un fruit qui n'est pas arrivé à maturité.
Et comme nous n'avons jamais goûté auparavant un fruit qui est arrivé à maturité, l'aigreur du fruit que nous mangeons ne nous dérange pas et le fruit nous semble bon et meilleur, mais en fait c'est un fruit qui n'est pas mûr .
Et lorsque quelqu'un qui a mené son fruit ou ses fruits à maturité nous donnera un de ses fruits à goûter, nous constaterons ou comprendrons alors que le fruit que nous pensions être bon et que nous consommions avec beaucoup d'aise n'est qu'un fruit très jeune qui n'a pas encore fini sa croissance et est encore loin de sa maturité.
Le développement d'une nation, d'un royaume, d'un territoire n'est pas le fait de ressembler à ou d'avoir la même manière de faire que, mais c'est d'avoir la capacité à déployer son pouvoir.
Mais avant de déployer ce pouvoir, il faut pouvoir avoir ce pouvoir-là en sa possession.
Si vous n'avez pas le pouvoir en votre possession et que quelqu'un d'autre l'a, alors malgré vos efforts, malgré toute votre volonté, malgré tout ce que vous ferez, il ne vous sera pas possible d'aller plus loin que ce que celui qui a le pouvoir en sa possession voudrait bien.
Si celui qui a le pouvoir en sa possession décide de vous conduire à gauche, vous irez à gauche et s'il décide de vous conduire à droite c'est à droite que

vous irez, et s'il décide de faire de vous ce qu'il veut alors vous deviendrez ce qu'il veut.

Vous avez beau vous débattre, ce sont ses choix qui seront prédominants.

Vous pouvez appeler qui vous voulez, vous ne pourrez pas sortir ou vous libérer de ses mains encore moins vous dégager de son pouvoir ou de ses choix pour votre vie.

Vous ne ferez que suivre sa volonté et marcher selon sa volonté.

Dans tous les cas, que vous ne le vouliez ou non, c'est seulement sa volonté qui primera.

Vous n'avez donc pas de choix encore moins de capacité à faire ce que vous voulez faire de votre terre ou de votre royaume.

Le royaume ou avoir un royaume, demande à ce que nous puissions avoir notre mot à dire et même que nous soyons les seuls à dire le dernier mot.

Mais si une autre personne dit le dernier mot sur votre territoire alors vous n'avez en vérité pas le territoire entre vos mains, mais c'est la personne qui dit le dernier mot qui possède ce territoire entre ses mains.

Exercer au niveau local donc sur le plan régional et au niveau international, ce n'est pas tout à fait pareil, mais que ce soit mondialement ou localement, un seul élément est nécessaire pour tenir bon ou faire une place ou la place, c'est le pouvoir.

Sans le pouvoir qu'elle stratégie pourrait nous conduire à la tête des nations, que ce soit au niveau régional ou mondial ?

Saudi Arabia, 1ère puissance mondiale en une vingtaine d'années

L'exercice d'une force sur des terres conquises et au-delà

Nous n'avons aucune chance d'échapper à nos ennemis ou à ceux qui veulent nous soumettre.

Pourquoi croire que nous n'avons rien fait donc personne ne veut nous faire du mal ou que personne n'a l'intention de nous soumettre à sa volonté ?

Ce n'est pas une manière correcte d'appréhender les choses.

Que vous ayez fait quelque chose ou pas, que vous ayez dit quelque chose de mauvais ou pas, que vous ne soyez pas une menace ou pas, que vous n'ayez jamais demandé ou pas…lorsque le pouvoir ou celui qui tient le pouvoir arrive, vous êtes soumis à tout ce qu'il veut ou tout ce qu'il souhaite. Vous ne pouvez en aucun cas lui échapper ou échapper à sa volonté. Car c'est sa volonté qui fait votre loi.

Nous avons besoin du pouvoir.

Le royaume d'Arabie Saoudite a besoin du pouvoir.

Le conducteur du peuple saoudien a besoin du pouvoir.

Sans ce pouvoir, comment peut-il devenir ou faire ce qu'il veut comme il veut ?

Sans ce pouvoir, comment peut-il régner ?

Sans le pouvoir on ne peut et ne pourra jamais rien.

Saudi Arabia, 1ère puissance mondiale en une vingtaine d'années

L'exercice d'une force sur des terres conquises et au-delà

Se battre pour revêtir le vêtement qui nous sied face à l'adversité aux visages multiples

L'Arabie Saoudite décide-t-elle d'être l'une des premières puissances mondiales ou souhaite-t-elle juste suivre et rester un royaume à qui l'on dicte ce qu'il faut ou ne faut pas, ce dont il a droit ou pas ?

Le Royaume saoudien est-il attendu ou souhaité à ce niveau d'évolution et d'exercice ou ne veut-on pas le voir occuper cette place-là ni porter ce vêtement qu'il peut revêtir ?

Lorsque vous avez un vêtement et que l'on ne veut pas que vous le revêtiez, vous ne vous laissez pas faire ou ne devez pas vous laisser faire.

Vous devez vous battre, vous devez lutter de toutes vos forces.

Pourquoi lutter pour ce qui n'est pas à vous ?

Il est mieux de lutter pour ce qui est notre possession ou l'espace que nous avons la capacité de conquérir ou posséder.

Nous ne disons pas qu'il faut aller partout où vous pouvez, mais là où vous avez la capacité d'aller.

La capacité d'aller à gauche ou à droit ne vient pas parce que nous avons une education forte aux yeux des autres ou que nous savons manipuler la culture ou se développer culturellement.

Saudi Arabia, 1ère puissance mondiale en une vingtaine d'années

L'exercice d'une force sur des terres conquises et au-delà

Il n'est pas possible de se saisir de ce qui est proche de nous ou devant nos yeux parce que cela est juste devant nos yeux.

Mais nous devons nous battre pour toucher à cette chose qui est devant nos yeux.

Même si la chose semble être à deux pas de nous ;

Même si c'est un territoire qui est juste à côté de nous ;

Même si c'est une economie, un environnement, une hauteur qui se trouve juste à nos côtés, nous devons nous battre pour l'avoir.

Nous ne devons pas nous battre pour quelque chose qui est de toutes les façons une suite logique de ce que nous allons être ou allons avoir.

Si vous avez la bonne place, vous pouvez obtenir les bonnes choses et plus vous aurez la meilleure des places plus vous aurez la possibilité de vous saisir de ce qui semblait être insaisissable et là où vous vous enlisiez.

On ne peut pas gagner un combat parce que juste on veut le gagner, mais parce que nous nous bâtons pour le gagner.

Et le combat que l'Arabie Saoudite doit gagner ce n'est pas prendre le contrôle d'une terre du Moyen-Orient ou autre territoire lointain, mais c'est se revêtir de ce qu'elle a comme possibilité.

Lorsque vous êtes habillés convenablement et que vous êtes dans un certain enivrement, vous n'avez pas besoin de forcer pour qu'on vous propose ce qu'il y a de meilleur.

Lorsque vous êtes un responsable ou un chef de file, vous n'avez pas besoin de trop batailler pour vous saisir de ce que vous auriez mis une éternité à posséder si vous ne l'étiez pas.

Il y a des victoires qui ne le sont que par le simple fait de notre renommé et d'autres qui le sont du fait de l'engagement au combat.

Et ce que nous disons ici c'est juste la renommé dont a besoin le royaume saoudien.

Et pour obtenir de la renommée, il faut se battre.

Celui qui est sera parce qu'il est.

Celui qui n'est pas ne sera pas parce qu'il n'est pas.

Si vous êtes un directeur de banque, vous pourrez facilement entrer au conseil d'une autre banque ou même quitter la banque dans laquelle vous exercer pour une autre plus grande ou plus prestigieuse.

Mais si vous n'êtes pas un responsable d'une banque, et que vous n'avez même jamais travaillé dans une banque, malgré toutes vos expériences passées, vous aurez de la difficulté à vous insérer.

Vous n'aurez pas la même facilité que celui qui a déjà de la renommée ou disons qui est connu.

Si vous n'êtes pas connus d'une certaine manière vous ne connaitrez pas.

Plus vous êtes connus plus vous connaissez et moins vous êtes connus moins vous connaissez.

Si vous connaissez le fils du roi, vous finirez par entrer dans la présence du roi.

Mais si vous n'avez jamais eu de contact avec des membres de la cour royale, vous ne pourrez jamais entrer dans la présence du roi.

La hauteur appelle la hauteur et la force appelle la force.

Le vêtement de puissance mondiale appelle le vêtement de puissance mondiale.

Mais si votre vêtement est celui de puissance de seconde zone, il est difficile de pouvoir entrer en possession de certaines choses.

Et devenir une puissance mondiale ou disons une grande puissance mondiale c'est revêtir un vêtement.

Et pour revêtir ce vêtement il y a un combat.

Le combat ce n'est pas sortir toutes les armes que nous avons et commencer à faire la guerre dans tous les sens pour être, mais c'est développer sa stratégie, c'est mettre en place ses plans et exercer là où personne ne vous attend.

C'est se développer là où tous ne pensent pas que vous irez vous développer.

C'est vous établir là où tous n'imaginent pas que vous vous établirez.

Lorsque tous essaient de se développer dans tel ou tel domaine vous êtes silencieux parce que vous êtes dans une autre vision, dans une autre dynamique.

Celui qui veut se revêtir de ce qui est à lui ou de ce qui est élever ne doit pas aller dans la même direction que les autres.

Lorsque les autres empruntent un certain chemin, il doit emprunter un autre.

Saudi Arabia, 1ère puissance mondiale en une vingtaine d'années

L'exercice d'une force sur des terres conquises et au-delà

Lorsque les autres disent voici comment on devient grand, il ne doit pas écouter, mais rechercher une seule et unique chose : comment se revêtir du vêtement qui fera que sa parole ne sera plus jamais la même, mais la plus forte.

Vous pouvez parler, mais si votre parole n'est pas celle d'une personne vêtue de force et de puissance, d'une personne vêtue de grande puissance, alors c'est en vain que vous vous battrez et essaierez de combattre ou soumettre vos ennemis .

Car ils vous verront comme n'ayant pas d'autorité.

Ils vous verront comme incapable de faire quoi que ce soit qui puisse les faire échouer.

Par le vêtement on reconnait le roi et par le vêtement on reconnaît aussi celui qui a reçu l'autorité.

Par le vêtement on reconnait celui qui a reçu la force.

Par le vêtement on reconnaît celui qui a reçu la dignité.

On ne peut pas faire comme les autres lorsque nous souhaitons être différents des autres ou au-dessus de la mêlé.

Si nous voulons que notre hauteur soit différente des autres, nous ne devons pas nous battre comme les autres, mais à notre manière à nous.

Nous ne devons pas construire comme les autres, mais à notre manière à nous.

Nous ne devons pas bâtir comme les autres, mais à notre manière à nous.

Nous ne devons pas nous protéger comme les autres, mais à notre manière à nous.

Si nous n'avons pas une particularité, si nous ne ressemblons pas à nous même et à personne d'autre, alors nous ne sommes qu'un autre royaume parmi tant d'autres et nous ne pourrons pas faire la différence entre le royaume qui est à gauche ou à droite, à l'est ou à l'ouest.

Il nous faut nous battre pour revêtir un vêtement nouveau.

Il faut se battre pour devenir une royaume saoudien nouveau.

La nouveauté ce n'est pas ressembler à l'autre.

La nouveauté c'est prendre son chemin et sortir de ce chemin en devenant grand, fort, musclé, exceptionnel.

C'est prendre le temps de faire les choses différemment.

La force ne vient pas d'un Homme, mais l'Homme peut la rechercher et même la trouver.

La grande puissance ne vient pas d'un pays ou d'un continent quelconque, mais dans la recherche nous finissons par la trouver.

S'habiller de grande puissance ce n'est pas s'habiller comme une grande puissance européenne ou d'Amérique ou d'Asie ou autres.

Mais c'est devenir celui qui s'assoie dans sa région et qui en fait un lieu controlé.

Vous n'irez pas, en 2020, en Asie de l'est sans entendre parler de la République populaire de Chine et de ce qu'elle a le contrôle dans sa zone d'exercice. Etc.

Saudi Arabia, 1ère puissance mondiale en une vingtaine d'années

L'exercice d'une force sur des terres conquises et au-delà

Il en est de même pour le royaume saoudien.

Il n'est pas question de se revêtir de puissance économique ou autre, mais de devenir la puissance qui délimite ou exerce sur toute une région.

La région n'appartient à personne si ce n'est celui qui a la force de s'en emparer et la tenir d'une main forte.

Tenir d'une main forte, personne ne pourra nous l'offrir.

C'est un cadeau qu'aucune nation ne peut offrir à une autre.

C'est une présent qu'aucun pays ne voudra ni ne pourra donner au Royaume d'Arabie saoudite.

Quoique ces pays soient proches et des partenaires, jamais ils n'accepteront que le territoire soit gouverné et contrôlé.

Tout territoire est sous une autorité et plus on s'éloigne et plus une autre autorité règne.

Si vous avez dans une ville un maire, lorsque vous sortez de la ville et que vous vous éloignez, vous découvrez qu'au-dessus du maire, il y a quelqu'un qui est le président de la région ; et lorsque vous allez plus loin vous découvrirez qu'au-dessus du président de la région, il y a le chef de l'état ou le roi.

Ainsi en fonction de la zone ou des limites, ou plus vous vous éloignez, plus les délimitations dans lesquelles vous êtes sont contrôlées.

Si vous arrivez en Europe et que vous êtes en France, le chef que vous rencontrerez c'est le président français.

Saudi Arabia, 1ère puissance mondiale en une vingtaine d'années

L'exercice d'une force sur des terres conquises et au-delà

Maintenant si vous allez au-delà et que vous vous placez dans la région ouest européenne, vous découvrirez que le président français n'est pas le chef de la région, mais qu'il y a une autre force qui la domine ou qui dicte les règles. La politique peut nous cacher plusieurs choses, mais il y a celles qui sont visibles par tous, et il suffit juste de savoir observer et comprendre qu'au-dessus d'un chef, il y a un chef et qu'au dessus de ce dernier il y a un autre et ainsi de suite jusqu'au grand chef.

Ainsi pour pouvoir poser des actes sans être contrarié ou empêché, il faut revêtir le vêtement de chef.

Car tant que le royaume n'est pas un chef dans sa région ou dans la région et même aux abords de la région voire au-delà, il ne pourra pas faire ou défaire comme bon lui semble, mais va subir lorsque plusieurs autres chefs vont vouloir faire entendre leurs voix.

Le Mexique est un grand pays et tout le monde le reconnaît, mais lorsque les USA élèvent la voix ou fait un choix, le Mexique ne dit pas non, mais suit.

Il n'est pas dit ici que les USA dominent sur ce pays quoique cela soit la réalité, mais nous disons que celui qui est vêtu de force, de grande puissance dans la région, est l'ainé et donne la direction ou impulse la politique régionale de son secteur.

Nous ne devenons pas parce que nous avons une économie financière qui attire toutes sortes de personnes avides de gain, mais nous le sommes le jour ou nous décidons de revêtir de vêtement d'ainé, le vêtement de grande force.

Saudi Arabia, 1ère puissance mondiale en une vingtaine d'années

L'exercice d'une force sur des terres conquises et au-delà

Les dix piliers de la réussite de l'Arabie Saoudite

Intégrer les grandes puissances, quelle stratégie, quelle force…déployer pour arriver à être le puissant royaume saoudien ?

Le royaume saoudien et c'est la question à se poser, est-il puissant ?

Fait-on croire au royaume saoudien qu'il a une certaine puissance tandis qu'il en a une autre cachée, engloutie, voilée ?

Le royaume saoudien est-il un royaume puisant ?

La question peut se poser mille et une fois, mais qui pourra répondre à un tel questionnement si ce n'est celui qui pense vraiment à ce royaume comme étant une puissance véritable capable, mais encore éloignée du chemin à suivre ?

Tous regardent le royaume en fonction de tout ce qui se fait ou se dit par et à travers les médias du monde, mais personne n'a les regards sur une autre partie ou une autre force du royaume.

Le Royaume saoudien est vu ou a été vu depuis quelques années comme un royaume qui traite durement toute personne qui réclame des droits ou comme un royaume qui ne respecte pas le droit des individus.

Mais est-ce la question qu'il faut se poser ou faut-il regarder ailleurs ?

Le royaume a besoin de devenir et c'est cela le plus important.

Saudi Arabia, 1ère puissance mondiale en une vingtaine d'années

L'exercice d'une force sur des terres conquises et au-delà

Nous ne disons pas que les gens qui se plaignent doivent se taire et ne plus se plaindre.

Nous ne disons pas que ceux qui réclament justice ne doivent plus parler.

Nous disons que lorsque vous réclamer justice dans un royaume qui n'est pas encore positionné où il doit, il serait difficile de pouvoir être entendu.

Pour que quelqu'un soit entendu dans le royaume, il faut que le royaume lui-même ait une voix.

Mais tant que le royaume ne parvient pas à faire entendre sa voix, tant que le royaume ne parvient pas à faire entendre le son de sa voix, comment le peuple qui vit dans ce royaume pourrait-il avoir une voix ?

Le droit de l'Homme existe ou est comme étant tel parce que certaines nations dont la voix porte ou portait ont décidé que ce soit ainsi.

Si vous avez une longueur d'avance ou que vous avez une force au-dessus alors le doit des individus à plus d'opportunité de croitre.

Mais si le royaume dans lequel vous vivez ne parvient pas à passer cette montagne alors votre voix restera une voix sans voix.

Ainsi, le royaume a besoin de réussir afin que tout réussisse en son sein.

Si le royaume réussit alors il y aura en son sein de la réussite sinon cela ne se fera pas.

Si le royaume n'a pas de pilier, si le royaume ne s'appuie sur rien pour avancer, si le royaume saoudien ne regarde pas à l'appui, il ne pourra pas en son sein donner le maximum.

Saudi Arabia, 1ère puissance mondiale en une vingtaine d'années

L'exercice d'une force sur des terres conquises et au-delà

Et plus l'intérieur ne recevra pas assez, plus y aura de la contestation, et plus y aura de la contestation et plus y aura le changement de ce qu'est le royaume, et plus y aura le changement de ce qu'est le royaume, et plus nous ne seront plus en face d'un royaume, mais d'un autre état avec un chef d'état à sa tête. La royauté n'est pas une mode et ne doit pas l'être.

Nous ne sommes pas aujourd'hui un royaume et demain nous devenons autre chose parce que tout le monde va dans ce sens-là ou dans un autre.

Il faut rester et garder ce que nous avons qui est différent des autres. Car devenir comme les autres c'est rester ou se mettre à la solde des autres.

C'est plier sous les autres, c'est se conformer à ce que les autres diront ou feront dorénavant.

Ce n'est pas parce qu'on dit que je ne suis pas ouvert que changerai pour devenir comme les autres le souhaitent.

On ne devient pas une grande puissance parce qu'on s'aligne sur la manière de faire de l'autre ou qu'on essaie de ressembler à l'autre, mais juste en restant soi-même tout en apprenant des autres et de tout ce qui est autour de nous.

Apprendre ne vient en aucun cas dire que nous voulons devenir ou faire comme les autres et ne doit pas l'être.

Apprendre une langue ce n'est pas oublier sa langue.

Apprendre une leçon de math ou de physique ne nous dit pas d'oublier toutes les formations que nous avons reçues durant tout le temps.

Saudi Arabia, 1ère puissance mondiale en une vingtaine d'années

L'exercice d'une force sur des terres conquises et au-delà

Essayer de comprendre la technologie de l'autre ne veut pas dire qu'il faut l'utiliser ou l'utiliser en l'état.

S'il n'y a pas de pilier sur lequel nous nous stabilisions, nous ne pouvons pas faire la différence et ne feront jamais la différence.

Les piliers nous donnent de pouvoir rester comme la terre reste ; et même tout ce qui nous entoure reste sur des piliers.

Il n'y a rien qui soit dans le vide.

Tout est fondé sur un pilier : que ce soit les montagnes, les eaux, les forets, les déserts…, tout se fonde sur des piliers et les piliers maintiennent ses éléments-là où elles sont et permettent à ces éléments-là de rester toujours et de ne pas s'ébranler.

Les piliers permettent de rester lorsque tous ferment ou n'arrivent plus à suivre.

On ne diversifie pas ou ne se diversifie pas dans le vide.

Il y a un instrument central dans la diversification qui permet de ne pas quoiqu'il arrive trébucher ou tout perdre.

Le pilier reste celui qui donne aux entreprises ou projets qui ont duré dans le temps de résister et d'être encore présents.

Il est bon d'avoir ses piliers et non pas croire que c'est juste le fait de diversifier nos investissements que nous parviendrons à atteindre tel ou tel niveau.

Les piliers sont des coutumes, des manières de faire, un chemin que nous ne

quittons jamais quelque soit ce qui arrive.
Les piliers sont tellement bien enfoncés et nous les contrôlons tellement qu'il est difficile de nous prendre ces piliers ou de renverser notre territoire.
Les piliers permettent de se dégager de toutes sortes d'attaques ou d'invasions. Car l'ennemi ou l'adversaire peut arriver et prendre possession de beaucoup de choses que nous possédons, mais ne pourra jamais se saisir des piliers.
Et tant que les piliers sont encore présents ou que nous les avons, nous avons la capacité de nous saisir de ce que nous avons perdu ou que l'on nous a ôté.
Le voleur arrive et il ne sait que voler, mais comment pouvoir l'en empêcher ou lui arracher ce qu'il aurait volé ?
Nous avons besoin des piliers.
Celui qui vient détruire arrive et son seul projet est de renverser tout ce que nous avons, mais comment l'arrêter ou rebâtir ce qu'il aura renverser ?
Nous avons besoin des piliers.
L'adversaire arrive dans notre champ pour y mettre des mauvais produits afin que notre champ soit inutilisable, mais comment l'en empêcher ou arriver à restaurer notre champ ?
Nous avons besoin des piliers.
Tout n'est qu'une question de piliers.
Les USA ou autre nation ce n'est pas juste un peuple nombreux qui a des armes, mais des piliers sur lesquels ils ne quitteront jamais, même s'ils

arrivent qu'ils perdent souvent.

Les grandes puissances ou les super-puissances, avancent sur une seule chose, les piliers.

Le jour qu'une grande nation ou super-puissance dégringole, cela voudrait dire qu'elle a quitté ou abandonné ses piliers, les piliers que lui avaient donné en héritage ses ancêtres.

Les piliers sont présents et il faut les connaitre et ne jamais les abandonner.

Saudi Arabia, 1ère puissance mondiale en une vingtaine d'années

L'exercice d'une force sur des terres conquises et au-delà

Zones d'exercices et piliers

Avant de déployer ses piliers, il est important de connaitre le lieu ou l'endroit où ses piliers seront déployés ou se positionneront.

Le Royaume d'Arabie Saoudite se trouve dans un environnement, mais son lieu d'exercice peut se trouver partout ou n'importe où à commencer par son propre royaume.

Le royaume saoudien a une économie et elle doit la connaitre.

Si vous connaissez votre économie vous savez alors où aller et ne suivez pas les autres.

Les autres ne font que ce qu'ils font et vous devez faire ce que vous avez à faire.

Il y a plusieurs zones et plusieurs économies :

L'économie de l'Arabie saoudite ;

L'économie du Moyen-Orient ;

L'économie du proche orient ;

L'économie de l'afrique subsaharienne ;

L'économie de l'Europe ;

L'économie de certains pays européens ;

L'économie d'Amérique latine ;

Saudi Arabia, 1ère puissance mondiale en une vingtaine d'années

L'exercice d'une force sur des terres conquises et au-delà

L'économie ou zone d'Amérique centrale ;

L'économie ou zone d'Amérique du Nord ;

L'économie ou zone de certains pays en Amérique ;

L'économie ou zone d'Asie du Sud ;

L'économie ou zone d'Asie de l'Est ;

L'économie ou la zone d'Asie centrale ;

L'économie ou la zone de certains pays en Asie ;

L'économie ou la zone de l'Océanie ou de certains pays en Océanie.

Il faut dire que la terre n'est pas si grande que cela. Il suffit que nous nous placions là où il faut pour avoir la vision réelle de celle-ci.

Ainsi, parmi ces nations ou ces zones ou territoires, il y a des zones où le royaume saoudien doit exercer ou sur lesquelles il doit davantage déployer sa force ou son autorité ou ses investissements…

Lesquelles ?

Il y a certains indices qui peuvent facilement nous apprendre sur le territoire économique sur lequel nous devons exercer et vice-versa.

Pour commercer, la langue.

Jusqu'où la langue arabe est-elle parlée et jusqu'où s'arrête-t-elle ?

« Celui qui se soumet » à la volonté de Dieu, où se trouve-t-il ?

Dans quelle(s) zone(s) trouve t-il ?

Combien sont-ils, ceux-là qui utilisent cette langue ?

Parce que ce n'est pas qu'un pays que nous possédons, mais les langues et les âmes qui sont une richesse énorme.

Sommes-nous sur cette zone-là ou est-ce que quelqu'un d'autre s'y trouve ?

Sommes-nous nous-mêmes sur cette zone-là ou est-ce que nous sommes en dehors ?

Nous pouvons dire **de <u>l'Afrique</u>** notamment le maroc **jusqu'au <u>sud-est asiatique</u>** notamment l'Indonésie.

Toute la zone qui est comprise entre ces deux pays (du maroc à l'Indonésie) est la zone d'exercice ou économique du royaume ou sur lequel il a la capacité de se déployer pour devenir et être.

Sortir de là ou vouloir aller au-delà c'est perdre des membres de son armée et des richesses.

Lorsque vous ne savez pas où se trouve votre économie, vous êtes capables d'aller partout et suivre tout le monde.

Mais quand vous connaissez votre lieu de force, vous ne courez pas parce que tout le monde court, mais vous avancez et conquerrez pas à pas.

Vous n'allez pas dans tous les sens, mais vous restez sur votre zone et cherchez à conquérir pas à pas, morceau après morceau.

Il faut considérer ou reconsidérer notre possession et ce que nous pouvons et devons en faire.

Lorsque vous arrivez chez quelqu'un et que vous voyez qu'il a conquis un territoire qui se trouve à plus de 10 000 km de lui, vous voulez faire de même, mais ce qu'il faut savoir est que c'est son économie, raison pour laquelle il l'a conquise et arrive à s'y maintenir.

Mais si vous voulez aller dans le même sens, vous risquez de perdre même le peu que vous avez.

Il est nécessaire de connaitre sa zone d'exercice et de conquérir cette zone-là sans aller à gauche ni à droit et sans tarder.

Mais pour conquérir cette zone-là, il ne faut pas les armes, mais les piliers dont nous avons parlé plus haut.

Ainsi les piliers sur lesquels l'Arabie Saoudite doit s'appuyer ou prendre appui seront :

Saudi Arabia, 1ère puissance mondiale en une vingtaine d'années

L'exercice d'une force sur des terres conquises et au-delà

Piller 1 : Armement et économie

L'armement et l'économie ont toujours été au cœur de stratégies de royaumes ou de populations à travers les siècles.

Certains peuples ont su traverser les époques grâce à cet outil tandis d'autres y ont laissé leur vie.

Quand vous devenez une nation ou un état ou même un royaume reconnu, vous ne l'êtes pas juste parce que vous êtes sur un territoire et que vous occupez ce territoire-là depuis toujours.

Ce n'est pas non plus parce que vos pères ont été là ou toujours vécu là et que vous avez pris la relève que votre territoire est considéré ainsi.

Mais c'est d'abord et avant tout parce que vous possédez une économie et que cette économie est protégée par une armée ou une force armée.

La reconnaissance peut être locale, elle peut être régionale ou mondiale.

Cela dépend en fait de ce que représente votre economie pour les autres ou de ce que vaut votre armée pour les autres.

Et le premier point ou pilier qu'il faut c'est bien évidement cette economie et cette armée.

Les deux vont de paire et l'un ne va pas sans l'autre.

Vous ne pouvez pas dire que vous avez une économie forte tandis que votre armée ne l'est pas vice versa.

Alors vous avez un sérieux soucis car l'un ne peut pas sans l'autre.

Si votre armée est forte et que votre économie ne l'est pas c'est aussi un problème grave qu'il faut résoudre.

Où en est le Royaume d'Arabie saoudite ?

Où en est le royaume sur le plan de son armée et sur le plan de son économie ?

En 2020, l'Arabie saoudite est la première économie du Moyen-Orient et la 18ème au niveau mondial.

En 2018, La population saoudienne s'élève à 33,4 millions d'habitants (dont 20,8 millions de nationaux).

L'économie est dépendante de la production de pétrole qui représentait en 2018, 31% du PIB et 79% des recettes d'exportation.

Les forces armées saoudiennes, également connues sous le nom de Forces armées royales saoudiennes, sont les forces militaires du royaume d'Arabie saoudite.

Ces forces comprennent :

- Forces terrestres royales
- Forces navales royales
- Forces aériennes royales
- Forces aériennes royales de défense
- Forces de missiles stratégiques royales

Le Royaume d'Arabie Saoudite maintient aussi d'importantes forces paramilitaires sous le contrôle du ministère de l'Intérieur.

Il existe aussi le GIP, qui est le service général du renseignement militaire et les SAAF sont l'une des forces de défense les mieux financées au monde.

L'Arabie saoudite dispose du troisième budget le plus important au monde pour la défense.

Mais avons-nous la troisième armée ou puissance armée du monde ?

Mais forces armées de l'Arabie saoudite sont-elles parmi les plus puissantes forces armées monde ?

Le pilier de l'économie et de l'armée est-il assez robuste pour faire aux obstacles qui empêchent toute nation de prendre une place parmi les très grandes puissances ?

Nous parlons de pilier et non d'autre chose.

Nous ne parlons pas de la capacité à avoir une économie qui parle ou une armée qui parle, mais plutôt une économie et une armée qui savent se faire entendre et décider ce qui se fera ou non ou peut se faire ou non.

L'économie et l'armée doivent en effet être très solide pour permettre au royaume d'être aussi très solide.

Le chemin de grande puissance est sans équivoque le mélange d'une stabilisation et d'une maitrise totale des deux éléments de ce pilier que sont l'armement ou l'économie.

Quand nous parlons d'armement il n'est pas question juste d'acheter des armes et lorsque nous parlons d'économie il n'est pas juste question d'avoir

un seul produit qu'ont peut proposer ou quelques produits ou services que nous pouvons proposer.
L'économie de l'Arabie Saoudite doit pouvoir proposer au même titre que le pétrole, le gaz…des produits et services capables de répondre à la demande interne et externe.
Elle doit se bâtir une économie qui donne aux populations saoudiennes de maintenir un niveau de vie tout en créant une demande forte au niveau régional voire mondial.
Concernant l'armée, une armée qui achète plus qu'elle n'en fabrique est une armée qui demeure tributaire des autres quelque soit son investissement dans son armée.
Investir massivement dans l'achat ou la restauration d'armes ce n'est pas avoir une armée qui dicte et fait dicter.
Le royaume saoudien doit passer de royaume acheteur à un royaume vendeur.
Du royaume qui achète des armes à celui qui en fabrique et qui en vend.
Mais, au-delà de cela, le royaume doit pouvoir avoir une particularité en ce qui concerne son armée.
Lorsque vous avez une armée, vous ne pouvez pas vous diversifier sans avoir un point fort.
Soit vous êtes une forte armée de terre, soit vous êtes une forte armée de l'air, soit vous êtes une forte armée des eaux, etc.
Mais vous ne pouvez pas être fort à tous les niveaux.

Saudi Arabia, 1ère puissance mondiale en une vingtaine d'années

L'exercice d'une force sur des terres conquises et au-delà

Lorsqu'une personne investit dans plusieurs domaines, il est vrai qu'elle diversifie sont économie, mais il y a un point ou un secteur de prédilection qu'elle n'abandonnera jamais et sur lequel elle doit toujours être à la pointe voire leader et qui la maintient ainsi.

Il en est de même pour le royaume saoudien concernant son armée, mais aussi son économie.

Le Royaume Saoudien doit posséder une économie qui se diversifie tout en étant consciente de son point fort et en le maitrisant et en le développant continuellement.

Elle doit aussi savoir quelle est la force principale de son armée et la maitriser et la développer.

Lorsque vous allez en guerre, ce ne sont pas toutes les technologies ou les armes qui feront la différence et vous donneront de gagner, mais c'est le fait que votre point fort restera le dernier rempart pour prendre ou reprendre le contrôle de tout ce que vous avez perdu ou perdrez.

L'armée saoudienne doit changer toute sa tactique ou disons sa manière de faire.

L'armée saoudienne doit marcher autrement pour emprunter le chemin de la grande puissance saoudienne.

Connaitre son point fort, maitriser ce point fort, développer ce point fort, developper ses propres armes et technologies armées en lien avec ce point fort, couvrir les autres domaines par la création d'outils armées servant à la commercialisation.

Mais de quoi parlons-nous ?

Est-ce normal de parler d'armes qui pourraient servir à détruire des vies ?

Non, pas du tout.

Il faut rappeler qu'un pays non sécurisé est un pays en proie à toutes sortes d'agressions et de pillages.

Soit on est armé et protégé pour faire face à toutes agressions soit on ne l'est pas et nous sommes exposés à tous ceux qui veulent s'emparer de nous et de notre terre.

Nous parlons de ce que les Hommes ont toujours eu ou connu.

Nous parlons de ce que personne n'oserait dire haut et fort.

Nous parlons des principes d'une nation qui se veut forte grande et puissance et qui souhaite passer à un autre stade de son évolution, évolution que personne ne souhaite voir.

Personne ne souhaite la voir à la tête des nations et personne ne pourrait l'imaginer ainsi.

Pourtant les capacités sont là, pourtant les compétences sont là, pourtant le chemin est là.

Ainsi, le royaume doit s'affranchir de tout ce qui n'est pas création au niveau de son économie et de son armée et devenir celle qui investit le plus dans l'armement et dans l'économie afin de devenir le plus gros vendeur ou négociant dans ces domaines-là.

Saudi Arabia, 1ère puissance mondiale en une vingtaine d'années

L'exercice d'une force sur des terres conquises et au-delà

En combien d'années construit-on un ou deux porte-avions ?

En 6 années ?

En 7 ans ?

En combien de temps construit-on un sous-marin ?

En combien de temps construit-on des chars ou autres véhicules terrestres ?

En combien de temps construit-on des armes ?

Nous ne sommes pas en train de dire qu'il faut juste fabriquer, mais nous disons qu'il faut passer d'acheteur tous azimuts à constructeur voire premier constructeur et fabricant d'armement pour les nations et pas n'importe lesquelles, mais d'abord et avant tout celles qui sont dans notre périmètre économique.

En combien de temps se créent des missiles balistiques ?

Nous ne sommes pas des experts et ne souhaitons pas nous faire passer pour des experts, mais nous disons, soit vous devenez pendant que le temps et les circonstances sont de votre côté, soit vous laissez passer le temps et laissez d'autres devenir.

Si j'ai les moyens de fabriquer des instruments d'investissements les plus performants au monde, pourquoi m'en priver ?

Pourquoi ne pas m'engager ?

Si j'ai les moyens de construire les armes les plus performantes au monde pourquoi m'en priver ?

Pourquoi se priver de ce qui peut devenir un moyen de commerce pour moi ?

Saudi Arabia, 1ère puissance mondiale en une vingtaine d'années

L'exercice d'une force sur des terres conquises et au-delà

Lorsqu'il s'agit d'armement, le sujet devient sensible, pourtant des armes sont bien vendus à travers le monde dans l'indifférence totale.

Nous ne disons pas que parce que cela en est ainsi il faut créer un environnement de prolifération des armes.

Ce n'est pas cela.

Et si ces armes sont vendues c'est avant tout parce que quelqu'un les fabrique et les mets sur le marché comme on mettrait du poisson ou du blé sur le marché.

Le royaume saoudien doit solidifier ce pilier en s'appuyant sur ses points forts ou ses particularités, afin que ce dernier puisse impulser les autres piliers.

Piller 2 : Santé, Famille, personnes âgées, femmes, jeunesse et affaires sociales

Selon Engels « Famulus » veut dire « esclave domestique » et la familia, c'est l'ensemble des esclaves qui appartiennent à un même homme. Encore au temps de Gaïus la familia, « id est patrimonium » (c'est-à-dire la part d'héritage) était léguée par testament.

L'expression fut inventée par les Romains afin de désigner un nouvel organisme social dont le chef tenait sous l'autorité paternelle romaine la femme, les enfants et un certain nombre d'esclaves, et avait, sur eux tous, droit de vie et de mort.

Cette manière de voir les choses est-elle bonne ?

Est-ce vraiment une meilleure définition de la famille ?

En 2019, peut-on accepter cette définition ?

Les gens de ce siècle-ci peuvent-ils accepter le fait que la famille soit un lieu où l'homme est le chef ?

Dans tous les cas chacun aura son opinion sur cette question.

Mais ce qu'il faut rappeler c'est qu'en toute économie, il y a la tête donc la force qui est en avant et il y a le corps donc toutes les autres économies.

Il est impossible de mettre à la fois deux économies en tête.

Saudi Arabia, 1ère puissance mondiale en une vingtaine d'années

L'exercice d'une force sur des terres conquises et au-delà

Cela n'existe pas et n'existera jamais.

La lune est la tête de la nuit et le soleil la tête du jour.

Il ne peut pas exister un autre élément plus visible dans le ciel que ces deux éléments-là et qui gouverne plus qu'eux à ces instants-là.

Lorsque vous entrer dans un environnement comme les eaux, il y a une hiérarchie bien établie et un respect des règles qui permet à cet endroit d'exister et de continuer à donner vie.

Le manque de hiérarchie ou de respect de règles conduit les Hommes à perdre énormément et même beaucoup.

On recherche aujourd'hui, en 2019, ce qui se passe concernant le réchauffement climatique et chacun accuse chacun et chacun accuse ce qu'il peut.

Mais personne ne se pose la question de savoir si son attitude ou ses habitudes sont correctes vis-à-vis de la terre ou de son environnement.

Comment peut vouloir que les choses s'améliorent si nous ne nous améliorons pas.

Il faut déjà commencer à améliorer nos manières de faire ou de vivre.

Il faut améliorer notre vision de qui nous sommes et de ce dont nous avons droit ou pas.

Il faut améliorer notre manière de voir les autres et le monde.

Si nous disons que nous n'avons pas de chef, cela voudrait que nous pouvons faire tout ce qui nous passe par la tête, tout sans exception.

Saudi Arabia, 1ère puissance mondiale en une vingtaine d'années

L'exercice d'une force sur des terres conquises et au-delà

Si nous disons que nous sommes seuls chefs de notre vie ou de notre existence alors nous pouvons nous engager dans tout ce dont nous avons envie.

Or nos envies peuvent causer du tord à notre univers et pire à notre celui qui est à côté de nous.

Ainsi, chacun dépend de quelqu'un et personne ne dépend de sa propre personne.

La famille est une communauté de personnes réunis par des liens de parenté existant dans toutes les sociétés humaines, selon l'anthropologue Claude Lévi-Strauss, qui est dotée d'un nom, d'un domicile, et crée entre ses membres une obligation de solidarité morale venant du mariage religieux et une obligation matérielle, censée les protéger et favoriser leur développement social, physique et affectif.

Chaque membre de la famille à un statut différent :

La famille réduite à un seul degré de parenté ou d'alliance :

les parents nucléaires : père(s) ou mère(s) ;

le couple : époux ou épouse(s) ;

les enfants : fils ou fille.

La Famille élargie :

les descendants : petit-fils ou petite-fille, arrière-petit-fils ou arrière-petite-fille ;

les ascendants : grand-père(s) ou grand-mère(s) ;

les alliés : gendre ou bru ;

les alliés ascendants : beau(x)-père(s) ou belle(s)-mère(s)4, oncle(s) ou tante(s), grand-oncle(s) ou grand-tante(s), grand-cousin ou grande-cousine ;

les alliés descendants : beau-fils ou belle-fille, petit-neveu ou petite-nièce, arrière-petit-neveu ou arrière-petite-nièce, cousin germain ou cousine germaine ;

cousin(e), petit-cousin(e), arrière-cousin(e), etc.

grand-père paternel et maternel ou grand-mère paternelle et maternelle ;

oncle paternel et maternel ou tante paternelle et maternelle ;

parrain, marraine et filleul (e) ;

père(s) adoptif(s) ou mère(s) adoptive(s), parents adoptifs ;

enfants adoptés, enfants naturels, enfants légitimes, enfants légitimés ; enfants illégitimes, enfants adultérins, enfants cachés ; enfants abandonnés ; enfants exhérédés ; frère aîné ou sœur aînée ; benjamin, cadet ; aïeul(e), bisaïeul(e) ; trisaïeul(e) ; « marâtre » .

Où que vous soyez, que vous viviez dans un territoire au nord ou même que vous soyez au sud, ces alliances sont plus ou moins identiques et se

retrouvent dans presque toutes les régions.
Quant à la vision ou disons la manière dont chaque peuple les appréhende ou les règles qui les régissent, c'est toute autre chose.
Dans les pays d'europe ou d'Amérique ou d'Asie ou d'Afrique la vision de la famille diffèrent totalement.
Quand en asie on adoptera certaines règles familiales pour la famille, en Afrique ou en europe ce sera totalement différent.
En effet, les regards sont différents en fonction de l'endroit où nous vivons.
Si nous vivons au Moyen-orient ou en Afrique subsaharien, ou dans les zones de l'Asie du sud-est, ..nous aurons une manière différente de voir la famille et notre regard sur celle-ci sera totalement différente si nous nous trouvons en Europe de l'ouest ou en Europe de l'est.
Ainsi, avant de déployer ce deuxième pilier sur le territoire saoudien, il est bon de savoir qui nous sommes, et quelle est notre culture et ce qu'elle permet ou ce qu'elle ne peut pas permet.
Comment elle oriente la famille et comment elle ne peut pas l'orienter.
On ne peut pas copier et faire tout ce qui vient de chez les autres car les autres n'ont pas le même regard que nous et peuvent pas avoir le même regard que nous sur la famille.
Ainsi, un pilier « social, santé et membre de la famille » ne se positionnera pas comme on le verrait dans un autre territoire, mais en fonction d'une règle, celle de l'islam ou pouvons-nous dire celle des musulmans.

Saudi Arabia, 1ère puissance mondiale en une vingtaine d'années

L'exercice d'une force sur des terres conquises et au-delà

Et que disons nous ?

Et que sommes-nous en train de dire ?

Essayons-nous de parler religion ?

Non, ce n'est pas cela.

Nous parlons d'un pilier qui ne doit pas être utilisé ou déployé comme sur le continent voisin.

Les sociétés que nous voyons s'appuient en grade partie sur le passé ou sur des coutumes ou rites du passé.

Que ce soit en Europe ou en Afrique, ou même en Amérique…on ne verra que ce qui a existé bien avant.

Ce ne sera que quelque chose d'amélioré et rien d'autre.

Lorsque vous voyez un nouvel appareil de communication, vous ne dites pas que c'est quelque chose de nouveau puisque c'est le même appareil qui a juste été amélioré, c'est le même appareil qui a évolué.

L'Homme évolue depuis sa manière de faire ou d'approcher les choses et c'est ce dont il est question ici.

Comment le musulman voit-il la famille ?

Qu'est-ce que la famille pour l'Homme musulman ?

Comment l'islam appréhende la famille ?

Pour commencer, l'islam accorde une grande importance au **mariage** et au fait de **fonder une famille**.

« *Quant à moi, je* ***jeûne*** *et je* ***romps mon jeûne****, je* ***prie la nuit*** *et je dors et* *enfin je me marie. Celui qui rejette ma* ***tradition*** *et ma voie n'est pas des miens et ne peut se réclamer de moi* » .

Le Coran considère que l'**apaisement du cœur, la bonté, l'amour, et l'intimité que Dieu a suscité entre l'homme et son épouse** font partie des plus grands dons et signes divins montrant sa grandeur.

Il demande **que le mariage soit rendu facile** ; **que les jeunes, pleins d'impétuosité et débordants d'ardeur, se marie car cela leur apporte calme et tranquillité** et parce que cela constitue une solution et un exutoire licite à leur concupiscence et leur appétence.

Le père et la mère sont chargés d'une grande responsabilité, celle d'éduquer leurs enfants.

Le Compagnon `Abdullâh ibn `Umar rapporte qu'il a entendu le Prophète dire : « *Vous êtes* ***tous gardiens*** *et vous serez* ***tous interrogés sur de ce dont vous avez reçu la garde***.

L'homme est gardien dans son foyer et sera interrogé sur ceux dont il a reçu la garde, la femme est gardienne dans la maison de son mari et sera interrogée sur ce dont elle a reçu la garde et le serviteur est gardien des biens de son maître et sera interrogé sur ce dont il a reçu la garde ».

L'islam enseigne aussi d'avoir de l'égard et du respect envers les deux parents, à la fois le père et la mère, de leur témoigner de l'attention (d'être à leur soin) et de leur obéir tant qu'ils sont en vie.

Les enfants doivent obéissance et bienveillance à leurs parents.

L'islam interdit **d'outrepasser les limites de la bienséance à leur égard que ce soit par la parole ou l'acte**, fût-ce en laissant échapper un mot ou un son qui trahirait de l'exaspération vis-à-vis d'eux.

Dieu a dit : {***Ton Seigneur a décrété de n'adorer que lui et d'être bon envers les deux parents. Si l'un ou les deux venaient à atteindre la vieillesse auprès de toi, alors ne leur fait pas « ouf !» en signe d'exaspération, ne les brusque pas et dis-leur des paroles douces et agréables***}.

Il est ordonné de **donner aux garçons et aux filles leurs droits** et **imposé d'être équitable envers eux s'agissant des dépenses et autres choses d'ordre matériel**.

L'islam **exige du musulman qu'il maintienne les liens de parenté**.

Il est mis en garde de ne pas couper les ponts avec les parents ou de leur faire du mal.

Le Prophète a dit : « ***N'entre pas au paradis celui qui rompt avec ses proches*** ».

Quant à la place de la femme :

Il lui a été donné le **droit à l'héritage avec une part juste et généreuse**, part qui en fonction du degré de parenté et de l'importance des dépenses auxquelles elle doit faire face est souvent égale et/ou différente à celle de l'homme.

Le Prophète a dit : « ***Les femmes sont les semblables des hommes*** ».

Il l'a été donné à la femme la **liberté de choisir son futur mari** ainsi qu'une

importante part de la responsabilité de **l'éducation des enfants**.
Le Prophète a dit : « *la femme est **gardienne dans la maison de son mari** et **sera interrogée sur ce dont elle a reçu la garde*** ».
Le **nom de la femme qui mentionne son ascendance n'est pas altéré** après son mariage puisqu'elle continue à être connue par son nom patronymique.
Il est **imposé à l'homme de veiller sur elle et de subvenir à son entretien sans que cela ne puisse être considéré comme une faveur de sa part** dans le cas des femmes dont l'entretien lui incombe obligatoirement comme l'épouse, la mère et la fille.
Il est souligné l'honneur et le mérite qu'il y a dans le fait de **rendre service à la femme faible qui se retrouve seule même si elle ne fait pas partie des proches**.
le Prophète a dit: «*Celui qui **travaille au service de la veuve et du pauvre** est comme le combattant dans le sentier de Dieu, **comme celui qui prie toutes les nuits sans exception** et comme celui qui jeûne tous les jours sans exception*».
L'islam préconise de bien traiter la mère, la fille et l'épouse.
Abû Hurayra rapporte qu'un homme est venu voir le Prophète et lui demanda : « *Ô messager de Dieu, quelles personnes méritent le plus que je les entoure de mes attentions* ?».
Il répondit : « *Ta **mère*** ».
Il demanda : « *Qui ensuite* ?».

Il répondit : « *Ta mère* ».
« *Qui ensuite* ?» redemanda-t-il. « *Ta mère* », lui répondit-il.
« *Et qui ensuite* », continua-t-il. Et le Prophète répondit : « Ton père » .
`Uqba ibn `Âmir rapporte qu'il a entendu le messager dire : « *Celui qui, ayant trois* ***filles****, fait preuve de patience à leur égard, leur assure nourriture et boisson et les habille de son propre argent, celles-ci seront pour lui une protection contre le feu de l'enfer le jour du jugement* » .
`Â'icha rapporte que le Prophète a dit : « *Le meilleur d'entre vous est celui qui est le* ***meilleur envers sa (ses) femme(s).*** *Or, moi je suis, d'entre vous tous, le meilleur envers mes femmes* ».
En effet, dans la législation islamique, la relation entre l'homme et la femme est une relation de complémentarité où chacun compense le manque qui existe chez l'autre afin de bâtir la société musulmane.
L'idée de la lutte entre les deux sexes s'est soldée par la domination tyrannique de l'homme sur la femme à l'instar de ce qui se passa dans certaines sociétés non musulmanes ou bien elle a abouti à la rébellion de la femme et à la perte du caractère et du tempérament pour lesquels elle a été créée comme c'est le cas dans d'autres sociétés éloignées des prescriptions divines.
Dieu a dit : {*Que certains d'entre vous ne convoitent pas les privilèges qu'Allah a accordés à d'autres.* ***Les hommes ont droit à une part de ce qu'ils ont acquis, les femmes ont droit à une part de ce qu'elles ont acquis*** *et*

demandez que Dieu vous donne de sa générosité}.

À chacun donc ses spécificités, ses fonctions et le respect qui lui revient et chacun travaille pour la grâce de Dieu et sa satisfaction.

La loi divine n'est pas venue pour privilégier l'homme ou la femme, mais pour le bien de l'espèce humaine et de la société musulmane.

Dans la conception islamique, il n'y **a pas de place pour le combat et la lutte des sexes**.

Tous devraient demander de Dieu qu'il leur accorde de sa générosité.

Voici le deuxième pilier du royaume saoudien.

Pourquoi bâtir sa stratégie social ou familiale…sur quelque chose dont nous ne maîtrisons ni les tenants ni les aboutissants ?

Ce pilier est celui dans lequel ou par lequel nous devons investir afin de travailler à la cohésion parfaite à l'intérieur du territoire et ainsi éviter que toute tentative de corruption ne s'infiltre au sein des familles ou membres de familles et créent une porte d'ouverture pour le destructeur ou l'ennemi du royaume saoudien.

Piller 3 : Transports, Communication et technologies des informations, Culture, information et réseaux numérique

Trop d'outils de communication finissent par révéler ce que nous voulons cacher ; et révéler ce que nous protégeons c'est amoindrir la force que nous protégeons, c'est rendre inefficace ce que nous projetons.

Et que disons -nous ?

Est-ce mauvais de communiquer ou d'être performant dans la communication ?

Développer de nombreux outils de communication et communiquer sont deux choses totalement différentes.

Vous pouvez développer d'innombrables outils de communications sans pour autant les utiliser tous ou tous en même temps.

Si vous voulez parler avec le général de l'armée, vous ne l'appelez pas sur son téléphone et en même temps n'essayez pas de le contacter par vision conférence et dans le même temps vous n'essayez pas de chercher une conversation sur un réseau d'échange ou de partage.

Il finirait par ne pas savoir ce que vous voulez ou lequel utiliser.

Ainsi, nous pouvons avoir des milliers d'outils de communications, mais ne les utiliser que par nécessité voire parce qu'ils sont les meilleurs au moment ou nous voulons communiquer.
La communication a en effet pour but premier d'échanger, pas avec l'extérieur mais avec l'intérieur ; pas avec l'extérieur mais avec les proches collaborateurs…
On ne développe pas un outil de communications pour que tous sachent que nous l'avons.
Si s'en est ainsi alors l'outils de communication que nous avons n'est certainement plus utile à ce pourquoi il doit ou devait.
L'outils de communication est comme le plan de guerre que vous mettez en place ou la stratégie de conquête de territoire que vous déployez.
Vous ne le montrez pas à tous sinon tous risquent de courir dans le même sens que vous.
Il en est de même pour la communication.
Il existe certes des outils de communications qui se développent et créer de la richesse.
Il est important de communiquer sur ces outils-là, mais là encore, vous ne donnerez pas tous les secrets de votre science de peur que quelqu'un d'autre ne les développe et ne devienne un concurrent plus avisé que vous.
La communication est un moyen de contacter un compatriote, un patriote, un soldat, un sujet, un collègue, un ministre, un prince, une personne proche ou

quelqu'un du territoire, le Roi.

Ensuite, la communication sert à contacter les partenaires ou les amis ou ceux avec qui nous échangeons pour développer la région dans laquelle nous nous trouvons.

La communication du royaume saoudien doit en effet se développer prioritairement autour de ces valeurs ou de cette vision.

Maintenant, obtenir les technologies d'ailleurs pour en faire nôtre n'est pas à écarter puisqu'il faut toujours rechercher à avancer dans toute chose que nous faisons.

Ainsi, le réseau ou l'infrastructure permettant le déplacement, le transport de personnes, d'objets ou d'informations doit être très difficile à maîtriser.

La culture saoudienne, les réseaux numériques, routiers, ferroviaires, de l'information ou autres doivent revêtir une particularité et doit être inaccessibles.

Il est tout à fait possible de vivre à notre époque et même dans les temps à venir en sécurisant ou en fermant l'accès à nos infrastructures de transport ou de déplacements que ce soit pour les personnes, les objets ou l'information.

Le football n'est pas né au brésil et portant les brésiliens sont reconnus mondialement dans ce sport et personne n'arrive à leur ressembler.

Développer sa propre infrastructure ce n'est pas faire comme l'autre, mais c'est faire comme soit et en fonction de son environnement à soit.

Saudi Arabia, 1ère puissance mondiale en une vingtaine d'années

L'exercice d'une force sur des terres conquises et au-delà

Nous ne pouvons pas construire notre réseau de transport comme celui des autres pays qui ne vivent pas dans le désert.
Il serait obsolète et tôt ou tard sera inutilisable.
Ceux qui vivent dans les régions de grand froid développent un certain type de réseau routier ou de déplacement d'information ou d'objet qui est différent de ce qui se fait ailleurs.
Pourquoi ?
Pas seulement pour se protéger ou protéger ce qui est à eux, mais parce qu'ils font en fonction de leur environnement.
Ainsi, lorsqu'une personne souhaite faire de même il est difficile de pouvoir faire pareil puisque l'environnement sera ou est différent.
Developper et maitriser une infrastructure de communication dans le désert d'Arabie saoudite c'est pouvoir proposer et maintenir une communication facile et rentable à travers tous les autres déserts du monde que ce soit le désert du Sahara, le désert de Syrie, le désert de l'ouest américain etc.
On ne développe pas des outils de communications juste parce qu'il faut, mais parce que notre économie en bénéficierait et que les autres économies en seraient tributaires.
Parce que nos populations gagneraient avec ces outils ;
Parce que notre proche serait plus proche avec ces outils-là ;
Parce que nous seront protéger contre tout assaut quelconque qui nous surprendrait.

Saudi Arabia, 1ère puissance mondiale en une vingtaine d'années

L'exercice d'une force sur des terres conquises et au-delà

Car avant qu'un pays ne soit envahi ou ne tombe entre les mains d'un autre ; avant qu'un peuple ne tombe entre les mains d'un autre peuple ; il y a une communication qui s'est opérée, se joue à chaque fois et se poursuit.

Piller 4 : Enseignement supérieur, Education, enseignement et recherche

La Connaissance a toujours été le fer de lance des grands peuples ou des grandes nations allons-nous dire.
Sans connaissance un peuple n'a pas la capacité de se déployer ou de déployer ce qu'il a ou qui il est .
On peut être fort et avoir des forces, mais si nous ne sommes pas éduqués ou disons si nous n'avons pas de connaissances, nous utiliserons ces forces-là comme si nous ne les avions pas.
Si vous avez un véhicule et que vous ne savez pas comment utiliser ce véhicule, il peut vous arriver d'endommager la boite de vitesse ou de créer des accidents.
Ainsi, vous aurez besoin de savoirs ou de connaissances afin de pouvoir conduire ce véhicule dans les meilleures conditions.
Il est tout à fait possible d'éduquer son peuple de plusieurs manières et s'attendre à de bons résultats.
Mais, seul l'éducation la meilleure pour votre peuple apportera des résultats satisfaisants.
Attendre que l'on se saisisse d'un poisson de mer tandis que nous lançons

nos filets dans un fleuve est impossible.

S'attendre à pouvoir se saisir d'une pintade ou tout autre volaille tandis que nous sommes dans une région où il n'en existe pas c'est impossible.

Il faut se former ou former sa population en fonction de sa zone géographique ou de son environnement.

Si l'environnement dans lequel nous évoluons demande assez d'eaux, des arbres de toutes sortes et bien d'autres éléments, il faut s'appuyer sur cette demande ou attente de notre territoire pour développer notre éducation ou l'éducation que nous devons prodiguer à notre population.

La population peut vouloir aller à gauche ou à droite ou se former comme les autres peuples ou nations, mais c'est à nous de redéfinir ou définir les règles et ce qui est raisonnable et rentable pour nous en termes d'éducation.

Nous ne nous éduquons pas pour l'instant ou en fonction de la mode.

Ce n'est pas parce que tout le monde apprend la physique que nous allons nous y mettre aussi, ou ce n'est pas parce que tout le monde cherche à aller dans les sciences naturelles que nous allons nous y mettre.

Nous devons comprendre ce que c'est que notre terre et ses attentes et ses besoins. Car si notre éducation ne permet pas de développer notre économie ou la rendre prospère alors nous ressemblerons aux autres et tant que nous ressemblons aux autres, nous ne pouvons jamais vendre aux autres ce qu'ils nous ont appris ou ce qu'ils savent mieux developer que nous ou qu'ils ont la capacité d'appréhender mieux que nous.

Saudi Arabia, 1ère puissance mondiale en une vingtaine d'années

L'exercice d'une force sur des terres conquises et au-delà

Que ce soit la recherche ou l'enseignement supérieur ou autre domaine lié à l'éducation ou à la connaissance, il est important et même primordiale de faire un choix et de se développer ou de développer ce choix.

Si la vente de véhicules pouvant circuler sur des autoroutes goudronnées est très à la pointe des recherches dans certains pays ou plusieurs pays développés, nous devons développer cette science en nous appuyant sur ce que nous avons chez nous d'abord et non pas essayer de transporter ce que les autres ont chez eux et le copier.

Si j'étudie les mathématiques comme l'europe ou autres régions du monde, alors mes mathématiques ne pourront pas servir à me mettre en avant et elles seront difficilement reconnues des autres.

Prenons un exemple très démonstratif de ce que nous disons.

Lorsque les équipes d'europe joue au football, chaque équipe a une manière de jouer qui est tout à fait similaire à l'autre.

Mais lorsqu'une équipe d'amérique sud commence à entrer en jeux et joue à ce même football, on a comme l'impression que c'est un autre sport qui se joue ou que c'est un dérivé du football qui se joue.

Pourquoi ?

Parce que leur approche du football est totalement différente de celle des européens ou des asiatiques.

Les gros porteurs européens ou américains ou chinois n'auront aucune différence ci ce n'est que les couleurs ou de petites marques qui montrent l'origine de ces appareils.

Ils sont tous pareils, puisqu'ils ne font que se copier et se recopier et se rerecopier.

Or ce dont nous parlons c'est prendre ce qui existe et le faire évoluer vers ce qui n'existe pas en regardant à notre environnement.

Voici l'éducation ou la recherche sur laquelle devra ou doit capitaliser le royaume saoudien.

Il ne faut pas chercher à faire comme, mais axer son éducation, ses connaissances ou ses recherches sur la capaciter à faire sortir l'eau du désert ; à rendre le désert verdoyant et à donner au soleil de ne plus avoir un impact négatif sur le royaume, mais plutôt positif.

On parle de réchauffement climatique en 2019, mais nous disons que si des études devaient être approfondies pour rendre ce réchauffement climatique rentable, ce serait certainement dans le royaume saoudien et non pas ailleurs.

Il faut jouer avec sur et pour ses forces afin d'éduquer et éduquer dans le Royaume d'Arabie saoudite.

L'enseignement supérieur, l'éducation, l'enseignement et la recherche doivent s'appuyer sur les forces du royaume saoudien et non sur ces faiblesses.

Or les forces du royaume saoudien c'est tout ce qui semble être les faiblesses aux yeux de tous notamment une zone aride, une zone désertique etc.

Et pourtant, c'est bien dans cette zone qu'il y a aussi du pétrole, du gaz etc.

Saudi Arabia, 1ère puissance mondiale en une vingtaine d'années

L'exercice d'une force sur des terres conquises et au-delà

Alors pourquoi utiliser un seul élément et non pas tout pour développer son éducation et celle de son peuple afin de non pas que devenir un peuple qui a une forte connaissance, mais un peuple qui détient sa connaissance et qui est capable de transformer tout espace désertique et même non désertique en un lieu de vie continue ?

Piller 5 : Eau et agriculture, Affaires rurales et Alimentation

71 % de la surface de la Terre est recouverte d'eau (97 % d'eau salée et 3 % d'eau douce dans différents réservoirs) sous différentes formes :

- liquide, dans les océans, les lacs, les fleuves et les rivières. Ailleurs que dans les zones humides plus ou moins marécageuses, dans les mers et océans, l'eau est présente dans les lagunes, lacs, étangs, mares, fleuves, rivières, ruisseaux, canaux, réseaux de fossés etc. ;
- gazeuse, sous forme de vapeur d'eau dans l'air. L'humidité de l'air qui provient de l'évaporation des mers, des plans d'eau et de l'évapotranspiration des plantes ;
- solide, sous forme de glace dans les glaciers, dans la banquise, les icebergs, etc.

Selon sa composition chimique qui induit son origine ou son usage, on peut préciser :

- eau minérale, eau de Seltz, eau de source, eau de mer, eau douce, eau potable, eau de pluie, eau du robinet, eau de table, eau gazeuse, eau plate, etc. ;

- en chimie, on parle d'eau lourde, eau tritiée, eau dure, eau distillée ;

On pense que l'eau existe en abondance dans d'autres galaxies, parce que ses composants, l'hydrogène et l'oxygène, sont parmi les plus abondants dans l'Univers.
Les nuages interstellaires se concentrent éventuellement dans des nébuleuses solaires et des systèmes stellaires tels que le nôtre.
L'eau initiale peut alors être trouvée dans les comètes, les planètes et leurs satellites.

Le volume approximatif de l'eau de la Terre (toutes les réserves d'eau du monde) est de 1 360 000 000 km3. Dans ce volume :

- 1 320 000 000 km3 (97,2 %) se trouvent dans les océans ;
- 25 000 000 km3 (1,8 %) se trouvent dans les glaciers et les calottes glaciaires ;
- 13 000 000 km3 (0,9 %) sont des eaux souterraines ;
- 250 000 km3 (0,02 %) sous forme d'eau douce dans les lacs, les mers intérieures et les fleuves ;
- l'équivalent de 13 000 km3 (0,001 %) d'eau liquide sous forme de vapeur d'eau atmosphérique à un moment donné.

Saudi Arabia, 1ère puissance mondiale en une vingtaine d'années

L'exercice d'une force sur des terres conquises et au-delà

L'eau est le principal constituant du corps humain.

La quantité moyenne d'eau contenue dans un organisme adulte est d'environ 65 %, ce qui correspond à environ 45 litres d'eau pour une personne de 70 kilogrammes.

Ce pourcentage peut néanmoins varier, plus une personne est maigre, plus la proportion d'eau de son organisme est importante.

L'eau dépend également de l'âge : elle diminue avec les années, car plus les tissus vieillissent, plus ils se déshydratent, l'eau étant remplacée par de la graisse.

Dans l'organisme, la concentration en eau varie d'un organe à l'autre et selon les cellules :

76 % dans le cerveau ; 78 % dans les poumons ; 81 % dans les reins ; 79 % dans le sang ; 79 % dans le cœur ; 78 % dans l'estomac ; 75 % dans les muscles ; 70 % dans la peau ; 22 % dans les os ; 10 % dans les dents.

L'organisme humain a besoin d'environ 2,5 litres d'eau par jour (1,5 litre sous forme liquide et 1 litre acquis dans la nourriture absorbée), davantage en cas d'exercice physique ou de forte chaleur.

Sans eau, la mort survient après 2 à 5 jours, sans fournir aucun effort (40 jours sans nourriture en étant au repos).

L'accès à l'eau est un besoin vital pour toutes les espèces connues.

On distingue huit types :

Eau potable ; Eau du robinet ; Eau en bouteille ; Eau de source ; Eau minérale naturelle ; Eau gazeuse ; Eau plate ; Eau purifiée.

La gestion de l'eau couvre de nombreuses activités :

la production agricole ;

la production d'eau potable ;

l'assainissement (ou épuration) ;

la production d'énergie et le transport ;

la restauration, protection et gestion des milieux naturels et forestiers.

Le manque d'eau dans le monde est du à divers éléments dont le déséquilibre géographique et temporel entre la demande et la disponibilité en eau douce.

Plus d'une personne sur six dans le monde souffre de stress hydrique, ce qui signifie qu'elle n'a pas suffisamment accès à de l'eau potable.

Les principales causes du manque d'eau sont liées à l'interférence humaine avec le cycle de l'eau.

Les pays du Proche-Orient, du Moyen-Orient, d'Afrique et de l'Asie sont considérablement touchés par ce phénomène.

Selon les Nations Unies, les deux tiers de la population mondiale vivront en situation de stress hydrique en 2025.

L'agriculture est un processus par lequel les êtres humains aménagent leurs écosystèmes et contrôlent le cycle biologique d'espèces domestiquées, dans le but de produire des aliments et d'autres ressources utiles à leurs sociétés. Elle désigne l'ensemble des savoir-faire et activités ayant pour objet la culture des sols, et, plus généralement, l'ensemble des travaux sur le milieu

naturel permettant de cultiver et prélever des êtres vivants (végétaux, animaux, voire champignons ou microbes) utiles à l'être humain.
La délimitation précise de ce qui entre ou non dans le champ de l'agriculture conduit à de nombreuses conventions qui ne font pas toutes l'objet d'un consensus.
Certaines productions peuvent être considérées comme ne faisant pas partie de l'agriculture : la mise en valeur de la forêt (sylviculture), l'élevage d'animal aquatique (aquaculture), l'élevage hors-sol de certains animaux (volaille et porc principalement), la culture sur substrat artificiel (cultures hydroponiques) ...
Mis à part ces cas particuliers, on distingue principalement la culture pour l'activité concernant le végétal et l'élevage pour l'activité concernant l'animal.
L'agronomie regroupe, depuis le XIXe siècle, l'ensemble de la connaissance biologique, technique, culturelle, économique et sociale relative à l'agriculture.
En économie, l'économie agricole est définie comme le secteur d'activité dont la fonction est de produire un revenu financier à partir de l'exploitation de la terre (culture), de la forêt (sylviculture), de la mer, des lacs et des rivières (aquaculture, pêche), de l'animal de ferme (élevage) et de l'animal sauvage (chasse).
Dans la pratique, cet exercice est pondéré par la disponibilité des ressources et les composantes de l'environnement biophysique et humain. La production

et la distribution dans ce domaine sont intimement liées à l'économie politique dans un environnement global

De nombreuses conditions et facteurs de production interviennent dans les choix techniques des agriculteurs :

la disponibilité en eau, en quantité et en qualité (eau agricole) ; le climat et ses variations météorologiques (température, pluviométrie, sécheresse, grêle, gel et autres calamités climatiques) ; le sol et ses différentes caractéristiques, notamment sa fertilité ; les espèces végétales et animales domestiques ; les bioagresseurs (parasites, pathogènes, adventices, ravageurs) ; les espèces auxiliaires de culture ; la disponibilité en matériel agricole, en intrants et en connaissances agronomiques ; la disponibilité en terres, en travail humain et en capitaux

On distingue plusieurs systèmes de production agricoles selon la combinaison de leurs activités productives, de leur moyen de production, des ressources naturelles disponibles, de leur structure sociale et juridique :

L'agroforesterie ; l'agriculture biodynamique ; la micro-agriculture bio intensive ; l'agriculture biologique ; l'agriculture de conservation ; l'agriculture durable ; l'agriculture extensive ; l'agriculture intégrée ; l'agriculture paysanne ; l'agriculture de précision ; l'agriculture raisonnée ; l'agriculture de subsistance ; l'agriculture vivrière.

Saudi Arabia, 1ère puissance mondiale en une vingtaine d'années

L'exercice d'une force sur des terres conquises et au-delà

Les techniques qui ont marqué l'évolution de l'agriculture sont, par ordre alphabétique :

- Agriculture hors-sol
- Biotechnologie
- Culture sélective des plantes
- Défense des cultures, produits phytosanitaires
- Élevage sélectif des animaux
- Fertilisation
- Hydroponie
- Irrigation
- Machinisme agricole
- Techniques culturales simplifiées
- Transfert de fertilité

et toutes ses techniques requièrent de l'eau en abondance.

L'agriculture est en effet un secteur fortement consommateur d'eau douce. Une tonne de céréales nécessite en moyenne 1 000 tonnes d'eau, et produire de la viande nécessite plus d'eau encore.

Dans toutes ces conditions, comment serait-il possible de stabiliser son alimentation dans une zone aride ?

Parce qu'au-delà de tout, c'est l'alimentation qui est le plus important.

Si nous pouvons nous alimenter en eau et en produit agricole c'est un point fort de notre stabilisation et élévation economique.

Saudi Arabia, 1ère puissance mondiale en une vingtaine d'années

L'exercice d'une force sur des terres conquises et au-delà

Travailler au développement de notre alimentation c'est se doter de moyens permettant de devenir non seulement autonome, mais pouvoir distribuer le reste que nous posséderont.

Mais encore faudrait-il que nous puissions arriver à avoir en grande quantité pour tout ce que nous voulons faire ou tout ce dont nous avons besoin.

Comme nous n'avons cessé de le dire, il est mieux de se stabiliser en fonction de nos besoins et non d'essayer de ressembler aux autres ou à d'autres sur d'autres continents qui n'ont pas les mêmes difficultés que nous.

Lorsque les autres développent des piscines à ciel ouvert avec bien évidemment de l'eau douce, nous devons aller au-delà de cette manière de faire ou penser et créer nos piscines avec de l'eau de mer et pas obligatoirement à ciel ouvert voire ne pas s'investir dans des piscines, mais d'autres techniques pouvant permettre de se détendre ou se distraire.

Lorsque les autres nations se nourrissent ou s'alimentent avec une agriculture intensive qui requiert énormément d'eau, nous devons travailler à développer une agriculture qui requiert moins d'eau même si nous sommes dans une région aride.

Nous devons travailler à utiliser de l'eau de mer pour développer des cultures pouvant résister et produire dans cette eau salée sans pour autant passer par la désalinisation .

Lorsque nous vivons en bordure de mer, nous n'allons pas chercher à copier ceux qui vivent en pleine forêt afin de pouvoir développer notre alimentation

ou notre agriculture etc.
Nous devons en tant royaume du moyen-orient détenir et développer ce que les autres verront comme étant quelque chose de révolutionnaire dans la manière de s'alimenter en fonction de notre zone géographique.
Si nous sommes entourés d'eaux, nous devons exploiter cette eau qui nous entoure pour devenir plus autonome en termes de nutrition et même en faire une force economique.
Si nous vivons près des eaux, nous avons en tant que royaume la capacité de nous saisir de tout ce qui vit dans les eaux.
Il faut aller au-delà de ce que les autres nous proposent ou pensent que nous pouvons faire.
Le royaume saoudien n'est pas un royaume vivant en plein forêt d'Amazonie ou quelque part au milieu du continent africain.
Alors la première des choses à faire est de développer une stratégie en fonction de l'environnement dans lequel nous vivons.
Et notre environnement premier c'est le désert, mais aussi l'eau tout autour de ce désert-là.
Qu'est-ce qui peut pousser dans le désert ?
Qu'est-ce qui peut se faire dans le désert comme agriculture ?
Qu'est-ce qui peut sortir des eaux qui nous entourent ?
Qu'est-ce que nous pouvons développer comme activité en lien avec ces milieux-là qui nous permettrons de nous nourrir, mais de devenir un royaume

qui nourrit d'autres à ses cotés, mais aussi loin ?
Comment faisaient ceux qui étaient dans ce désert ?
Comment faisaient-ils lorsqu'ils n'y avait pas de pétrole ou de gaz qui s'exploitaient ?
Comment mangeaient-ils ?
Comment buvaient-ils ?
Comment développaient-ils l'agriculture ?
Mourraient-ils de faim ?
Vivaient-ils dans la famine ?
La famine ravageait-elle le territoire ?
Non, bien évidemment.
Alors, il est souvent bon de retourner en arrière pour jeter un coup d'œil à ce que faisaient les anciens et l'utiliser comme base pour se developper et developper notre alimentation ou notre agriculture.
L'eau de mer existe et est plein de sel ou disons très salée, mais il n'en demeure pas moins que ce soit une eau donc un environnement et un instrument économique à ne pas négliger et à prendre en considération.
Si nous ne faisons pas d'expérience, si nous n'expérimentons pas, nous n'arriverons pas à donner naissance à quelque chose de nouveau.
Tandis que tous crient à l'aide parce que le réchauffement climatique fait des dégâts, le royaume saoudien devrait investir afin de donner à des produits agricoles de germer et produire avec l'eau de mer sans passer par la

déstalinisation.

En effet, la déstalinisation doit être le dernier recours et non le principal.

On ne commence pas par la solution la plus facile. Car tous l'on déjà vu.

Il faut plutôt avoir les regards sur ce qui semble être inaccessible, impensable.

Lorsque vous êtes dans une guerre, parce que s'en est une, vous ne commencez pas à utiliser les armes les plus lourdes, mais vous commencez crescendo et vous montez en intensité et si la bataille perdure, vous décidez de prendre des armes plus robustes.

Prendre son temps ce n'est pas perdre le temps.

Prendre son temps pour être ce n'est pas perdre son temps.

Ce n'est pas parce que j'ai la capacité d'acheter quelque chose que je dois l'acheter.

Ce n'est pas parce que les autres me proposent d'acheter quelque chose que je dois l'acheter sans chercher à construire ou à créer par mes propres capacités.

Les capacités, le royaume saoudien en a encore.

Il n'est pas tard et le temps est toujours avec nous ; surtout lorsque nous sommes encore en vie.

Ainsi, pour le rester, éviter notre peuple le gémissement et lui donner la capacité non pas de vivre en gaspillant, mais d'avoir le nécessaire tout en exportant, il faut se découvrir une nouvelle agriculture et une eau nouvelle.

Piller 6 : Plan et Economie, Energie, Industrie, Ressources minières et environnement, Travaux publics et habitat

Le pilier « plan et économie, énergie, industrie, ressources minières et environnement, travaux publics et habitats » est le pilier sur lequel le pays doit s'appuyer pour donner à sa population de maintenir un niveau de vie sain dans un environnement sain.

Habiter un immeuble dans un environnement qui ne nous permet pas de rester en bonne santé c'est perdre une grande partie de sa force.

Or lorsqu'un saoudien perd une grande partie de sa force, ou même lorsque qu'un migrant en Arabie Saoudite perd une grande partie de sa force, c'est la force du royaume qui se perd .

La force d'un pays ce n'est pas que la force des armes, mais plus encore la force économique et surtout la capacité de developper le plein emploi tout en donnant aux populations de vivre dans un bon environnement.

Il faut se bâtir son industrie, il faut developper son industrie, il faut faire croître sa force en ressources minières.

Mais cela passe par une grande stratégie qui vise non pas à trouver là où se cache la ressource pour l'exploiter ou faire d'elle un point de développement industriel, mais la manne qui pourrait donner au peuple un environnement stable.

La stabilité passe par un habitat descend, une industrie forte, des ressources minières et ou énergétiques capables de répondre au besoin de tous sans restriction.

La restriction ce n'est pas chose mauvaise lorsque nous avons à faire quelque chose de nouveau.

Mais lorsque cela devient la norme ou que nous donnons à cette manière de faire d'être la norme, alors nous ne sommes plus ce royaume fort, mais nous nous affaiblissons et affaiblissons notre peuple donc notre force intérieure.

Planifier, penser économie ce n'est pas réduire, mais prendre le temps de faire les choses une à une et l'une après l'autre et pouvoir toutes les faire.

L'industrie ne meurt pas, mais se renouvelle et/ou prend un autre chemin.

Les ressources ne s'épuisent pas, mais requièrent qu'on leur donne leur véritable sens.

L'environnement ne perd pas de sa pureté, mais elle attend de nous que nous investissions dans un nouveau modèle qui permet non pas à l'environnement d'être sain, mais à notre peuple de maintenir un niveau de vie stable.

La stabilité en effet est le cœur de ce pilier.

Lorsque nous parlons d'énergie, d'industrie et d'environnement, de travaux public et d'habitat, nous sommes en train de parler de points essentiels de la stabilité.

Nous ne parlons pas de richesse ou de puissance, mais nous parlons de la stabilisation.

La stabilisation c'est pouvoir mettre ensemble sur le même pied d'égalité les travaux public, l'habitat, l'industrie minière, l'énergie, notre économie et nos plans.

La stabilité n'est pas ce que nous pensons de nous même, mais c'est le reflet de ce que les autres verrons et que notre peuple vivra réellement.

Ce que vous vivez peut souvent ne pas être ce que les autres perçoivent de vous ou voient en vous.

Certains verront peu être dans le royaume que c'est un royaume qui ne manque de rien tandis que d'autres verront que ce royaume ne pourra pas longtemps surfer sur la manne énergétique ou autre et ainsi de suite.

Mais l'image que nous devons ramener ce n'est pas ce que les autres pensent ou penseront, mais c'est surtout et avant tout ce que nous le peuple saoudien nous vivons vraiment.

Et pour que ce que nous vivons vraiment soit en adéquation avec ce que les gens pensent ou croient que nous sommes, nous devons mettre à un niveau le pilier 6 : Plan et économie, énergie, industrie, ressources minières et environnement, travaux Publics et habitat.

Ainsi ni de l'intérieur, ni de l'extérieur on ne dira que le royaume vit de telle ou de telle manière, mais on dira juste ce qui est vécu par le royaume.

Saudi Arabia, 1ère puissance mondiale en une vingtaine d'années

L'exercice d'une force sur des terres conquises et au-delà

On dira juste ce que le royaume est et ce qui se voit dans le royaume.

Les royaumes ou plusieurs royaumes se sont levés et ont changé de régime parce que justement ce qui se disait d'eux et ce qu'ils vivaient, étaient contraires.

Et lorsque le contraire prend la place et devient la norme, le soulèvement devient populaire et finit par détruire la base que nous avons.

Saudi Arabia, 1ère puissance mondiale en une vingtaine d'années

L'exercice d'une force sur des terres conquises et au-delà

Piller 7 : Finances et commerce

Faire de la finance et parler de finance sont deux choses différentes.

Un royaume saoudien qui fait de la finance un point fort dans son peuple est un royaume qui devient fort.

Le commerce et la finance vont de paire ou disons l'un ne peut pas sans l'autre.

Là où l'on entend parler de commerce, le financement ou les moyens d'échanges de capitaux ne sont souvent pas loin.

Le commerce est un domaine qui n'a jamais été négligé par les arabes, Mahomet lui-même ayant d'abord été marchand.

Nous ajouterons que les arabes utilisaient déjà les lettres de changes pour le paiement à distance de certaines transactions quand le peuple d'Europe en était encore bien éloigné.

Nous ne sommes pas en train de créer l'histoire, nous sommes en train de lui donner sa véritable valeur.

Valoriser l'histoire ce n'est pas dissocier l'histoire de l'économie et des produits qui en résultent, mais c'est faire falloir les éléments qui en étaient et permettaient le vécu de cette histoire.

Saudi Arabia, 1ère puissance mondiale en une vingtaine d'années

L'exercice d'une force sur des terres conquises et au-delà

Commercer et financer ont toujours donner de la couleur aux histoires.
Aucune histoire quelle qu'elle soit n'a été fondée ou ne s'est déroulée sans commerce ou intervention du financement.
Les finances ont certainement une autre appellation en 2019, et sont utilisées d'une manière qui laisse croire qu'il existe quelque chose de nouveau , mais il n'a jamais été question que de commerce et de moyen permettant de réguler ou d'aplanir ou parfaire ces échanges.
Si vous commercez et que vous n'osez pas vous saisir des finances ou d'un financement comme armes ou boussoles alors votre commerce n'a pas de sens.
Le commence prend tout son sens parce que d'abord il y a du financement ou de l'investissement, mais aussi parce que des échanges ont lieu.
Si j'ai quelque chose à vendre, j'ai aussi quelque chose à acheter.
Il est impossible de vendre sans acheter ou acheter sans vendre.
Et tout ce processus est tout simplement le commerce et la finance.
Ou se place le royaume ou disons ou devrait se placer le royaume ?
Acheter ne veut pas dire que nous achetons uniquement mais acheter veut dire que nous avons vendu ou avons quelque chose à vendre.
Si une personne vous achète du pétrole ou du gaz, elle ne fait pas qu'acheter, mais elle vend quelque chose.
Car comment peut-on acheter si on n'a vendu ou comment peut-on vendre si nous n'avons pas acheté ?

Saudi Arabia, 1ère puissance mondiale en une vingtaine d'années

L'exercice d'une force sur des terres conquises et au-delà

Ainsi nous ne devons pas parler de commerce dans le royaume sans parler de finance ou de financement.

Les deux doivent aller de paire.

Les grandes puissances ou les pays qui sont vus comme étant les grandes puissances travaillent avec ces deux éléments.

Le poids de la dette de ces pays vus comme puissants nous enseigne sur ce que représente la finance et le commerce.

Pourquoi une nation s'endette t-elle si ce n'est pour acheter ?

Pourquoi des nations ou disons des grandes puissances s'endettent-elles ?

C'est parce qu'elles souhaitent justement que ces deux éléments soient présents ;

C'est parce que ces grandes puissances désirent ardemment que le commerce et la finance soient constamment présents sur leur territoire et fassent en sorte que leur économie soient stables.

Comment pouvons-nous faire vivre notre territoire sans ces deux éléments ?

Revenons sur la dette des grandes puissances ou des pays qui sont vus comme de super-puissances.

En 2019, voici le niveau de la dette de pays vu comme des grandes puissances :

La dette de la France est à plus de **2 500** milliards de dollars ;

La dette de Chine se situe entre **5 000 et 7 000** milliards de dollars selon les estimations ;

Saudi Arabia, 1ère puissance mondiale en une vingtaine d'années

L'exercice d'une force sur des terres conquises et au-delà

La dette des Etats-Unis d'Amérique est à plus de **17 000** milliards de dollars ;
La dette du Royaume-Unie est à plus de **1 800** milliards de dollars ;
La dette du Japon est à plus de **10 250** milliards de dollars ;
La dette de l'Allemagne est à plus de **2 300** milliards de dollars.
Mais. À quoi servent toutes ces dettes ?
Où vont ces dettes ?
Permettre à la finance et au commerce de marcher.
Lorsque les pas ralentissent et que la lenteur se fait sentir il faut du souffle, il faut de la force et la dette vient comme un élément qui redonne de la force quoi que ce n'est pas toujours le cas. Car faudrait-il encore que nous sachions comment investir cette dette.
Si nous développons notre administration publique dans le royaume et que nous n'avons pas songé à ce que nous pouvons vendre après avoir investi alors nous perdons ce que nous avons gagnez.
Quelque soit ce que nous allons vendre, nous devons vendre.
Quelque soit ce que nous allons commercer, nous devons commercer.
Le but n'est pas forcément de faire des bénéficies ou des bénéfices énormes, mais le but est de se retrouver au cœur du commerce et du financement, et se maintenir dans cet environnement afin que dans les domaines les plus complexes nous ayons toujours à mesurer ce que nous y gagnons ou perdons. Si nous disons que nous faisons quoi que ce soit sans gagner alors nous nous mentons à nous-mêmes et cela va forcément se révéler tôt ou tard.

Saudi Arabia, 1ère puissance mondiale en une vingtaine d'années

L'exercice d'une force sur des terres conquises et au-delà

Mais si nous disons que nous donnons pour gagner alors cela va démontrer notre capacité à faire évoluer ou à developper notre royaume.

Un royaume qui donne sans espérer en retour quoi que ce soit est un royaume qui sème sans espérer qu'il y ait croissance et des fruits.

Comment un agriculteur peut-il semer sans se dire qu'il va récolter ?

Comment peut-on investir sans se dire que nous allons gagner ?

Le commerce et la finance doit être utiliser pour gagner.

Non pas que des revenues financiers, mais au-delà le cœur du peuple saoudien, mais aussi des nations avec qui nous échangeons ou commerçons.

L'argent ne peut pas tout acheter, mais l'investissement peut permettre d'atteindre le but pour lequel nous investissons.

Si j'investis dans mon peuple, je n'investis pas parce qu'il faut juste investir, mais j'espère en retour que mon peuple restera mon peuple et non un peuple parmi lequel nos ennemis auront ou sèmeront de la graine qui portera de mauvais fruits.

La finance et le commerce est un pilier important tout comme les autres piliers et doit se faire ensemble.

Partout où nous parlons de financement nous devons voir apparaître le commerce et partout où il y a du commerce de la part du royaume, nous devons aussi apercevoir de la finance.

Piller 8 : Affaires étrangères, Commerce et investissement

Lorsque vous avez des collaborateurs que vous envoyez à l'étranger pour représenter le pays, vous n'êtes qu'en train de chercher un ami.

Vous n'êtes pas juste en train de gérer les affaires extérieures ou les relations extérieures, mais vous cherchez un ami ; et lorsque vous trouvez cet ami, vous le gardez et ne le perdez pas.

Avoir un ami c'est avoir quelqu'un qui viendrait à votre secours lorsque vous serez en grand danger et qui ne vous laissera jamais tomber quelque soit les difficultés dans lesquelles vous vous trouvez ou qui viennent à vous.

Avoir un ami c'est avoir un peuple qui se bat pour vous pour un oui ou pour un non, que vous ayez raison ou pas.

Avoir un ami c'est avoir avec soit une nation qui devient jour après jour un avec vous ou plus proche que toutes les autres.

Si vous n'avez pas d'amis, lorsque viendront les difficultés ou que l'ennemi vous assiégera, vous n'aurez pas d'aide extérieure et personne ne viendra vous dire : me voici je suis prêt à te secourir toi et ton peuple !

L'amitié, il n'y en a pas plusieurs, mais une seule.

On peut se faire des amis dans les hauteurs des nations, mais avoir un ami qui même si l'ennemi convainquaient tous de vous faire la guerre, ne serait pas prompte à s'engager dans ce projet ; et il est très rare et difficile de le trouver.

Ainsi, il nous faut sortir, attendre et regarder et choisir un ami parmi tous ceux qui disent être des amis. Car tous ne le sont pas et ne le seront certainement jamais.

Mais un seul va l'être et c'est cet ami que les affaires étrangères vont chercher.

C'est cet ami-là que le milieu des affaires étrangères cherche et ne doit pas arrêter de chercher.

L'Arabie saoudite à developer des relations fortes avec certains pays depuis des années.

Mais le fait d'avoir l'ami de son père ou de ses pères, ce n'est pas avoir un ami.

Je peux avoir l'ami de mon père avec moi, mais ce ne sera jamais que l'ami de mon père et non le mien.

Nous ne disons pas de rompre avec l'ami du père, mais disons, il est bon de garder l'ami de son père, mais encore mieux de se trouver son ami à soi ; et cela n'est pas évident.

Se faire son propre ami tout en gardant l'ami de son père, voici ce que nous sommes en train de dire.

L'ami de votre père peut être une très grande nation, une très puissante armée etc ; mais quand viendra le moment où vous voudriez prendre la tête ou être en tête de la marche, nous craignons qu'il ne se tourne contre vous et ne vous dévore. Car qui laissera la place à un nouveau venu, qu'il ait été le fils de son ami ou pas ?

Qui voudra laisser la tête être confiée au fils de son ami lorsque cette place est celle qui est convoitée par tous y compris par soi même ?

Nous ne disons pas qu'il faut se séparer de l'ami de son père ou de ses pères, mais nous disons qu'il faut garder l'ami de son père ou de ses pères tout en se faisant son propre ami, qui ne va pas chercher à vous empêcher d'accéder, mais plutôt vous aidera ou permettra d'accéder.

Les affaires étrangères se déplacent et doivent se faire appuyer par le commerce et l'investissement.

Mais alors dans quel but ?

Tout simplement dans le but de garder l'ami de son père ou de ses pères tout en se faisant son propre ami.

Si vous investissez, vous n'avez pas besoin que vos affaires étrangères soient opérationnelles ou constantes dans cet environnement.

L'investissement lui-même met en ordre le désordre et tourne les éléments comme vous le souhaitez.

Joindre le commerce, l'investissement et les affaires étrangères, c'est tout simplement avoir entre ses mains les outils nécessaires à la conquête d'un nouvel ami ou de son ami tout en maintenant celui de son père ou de ses pères.

Des amis, il en existe plusieurs ou disons des pays amis, il peut en exister plusieurs.

Mais le pays ami, il est seul et fait même quand on s'y attend le moins.

Nous disons que le royaume saoudien doit rechercher son propre ami en Europe, sur le continent européen et pas ailleurs.

Un seul ami, pas deux.

Si vous faite le constat que vous avez deux amis voire trois ou même plus, alors sachez que vous n'avez pas d'amis ou n'avez pas encore trouvé cet ami.

Un ami se gagne par l'investissement.

Un ami se gagne par le commerce.

Mais lorsque vous ne savez pas lequel est l'ami qu'il vous faut cela devient difficile.

Dans tous les cas, il y a des signes et il est toujours possible de reconnaître celui qui est l'ami, même si votre amitié débute par une bagarre, une dispute, par des injures etc , vous finissez par le reconnaître comme le seul véritable ami.

Vous finissez par voir en lui celui-là seul qui saura vous défendre lorsque tous siègeront dans le but de vous assiéger.

Il faut un ami à l'Arabie saoudite, il faut un pays près à tout pour l'Arabie saoudite, et comme nous l'avons dit cet ami-là se gagne par les affaires étrangères, le commerce et le financement.

Saudi Arabia, 1ère puissance mondiale en une vingtaine d'années

L'exercice d'une force sur des terres conquises et au-delà

L'ami est là, l'ami est présent, l'ami se fait voir, mais nous n'arrivons pas à comprendre que c'est notre ami du fait qu'il marche avec d'autre en Europe ; du fait qu'il se fond dans la masse de l'unité, du fait qu'il marche avec plusieurs autres, du fait qu'il est parmi plusieurs autres…

Les affaires étrangères, le commerce et l'investissement, ce pilier doit servir à une seule et unique chose, trouver et garder son ami au royaume d'Arabie saoudite.

Piller 9 : Affaires municipales, Intérieur et pôle sécuritaire, Garde nationale, Fonction Publique et Justice

Le pilier 9 « affaires municipales, Intérieur et pôle sécuritaire, Garde nationale, Fonction publique et justice » est tout simplement le pilier sécuritaire national ou intérieur du royaume.

En effet, une nation qui a une économie florissante, une force armée puissante donc une force pouvant répondre à toute intrusion extérieure, mais qui n'a pas à l'intérieur de ses portes, au sein même de son territoire la capacité sécuritaire maximale perd et perdra tôt ou tard sa grandeur.

La grandeur est avant tout intérieur avant de l'être à l'extérieur.

Et que disons-nous ?

Lorsque vous êtes un pays fort à l'intérieur, votre nation ne peut être pénétrer par qui que soit ou quoi que soit parce que vous êtes forts intérieurement.

Lorsqu'une nation arrive à détourner ou à renverser de l'intérieur tout ce qui peut le détruire ou détruire son avancé ou sa marche, cette nation est une nation forte.

Aucune des nations que nous voyons ou disons aucune des nations fortes que nous connaissons ne l'est qu'extérieurement.

Saudi Arabia, 1ère puissance mondiale en une vingtaine d'années

L'exercice d'une force sur des terres conquises et au-delà

C'est lorsque la nation est forte de l'intérieur que cela se constate de toutes les autres nations.

C'est lorsque vos différents points clés ou disons votre pilier sécuritaire est stable ou fort que vous êtes forts.

Cela ne peut se révéler dans l'immédiat, mais tous finiront par le constater et par l'admettre que vous êtes une nation forte.

Une nation au sein de laquelle on peut créer des révoltes ou des rebellions, une nation à l'intérieur de laquelle il est tout à fait possible de faire naître une tumeur sur le plan social, économique, écologique ...n'est pas une nation forte et est loin de l'être.

Si chez moi à la maison, je n'arrive pas à contrôler tout ce qui entre et tout ce qui sort, tout ce qui se fait ou ne se fait pas, tout ce qui arrive etc alors ma maison n'est pas à moi mais à celui ou à la personne qui exerce en ce lieu.

Notre maison est notre centre stratégique.

Si ce centre stratégique est pulvérisé, s'il est manipulé, s'il est déstabilisé, si on fait ce qu'on veut dans ce centre important, alors nous sommes vulnérables et vulnérabilité.

Pouvez-vous vous défendre contre ce qui est fort plus que vous chez vous ?

Pouvez-vous combattre ce qui a pris toute la place chez vous et exerce plus que vous et contrôle plus que vous ?

Pouvez-vous rendre votre maison joyeuse, pleine de force, remplie de paix si vous n'avez pas le contrôle de cette maison ?

Saudi Arabia, 1ère puissance mondiale en une vingtaine d'années

L'exercice d'une force sur des terres conquises et au-delà

Le royaume d'Arabie saoudite est une maison.

Et dans cette maison, il y a un père, il y a la mère, les frères et sœurs, les cousins, les cousines et bien d'autres membres de la famille.

Mais si le père n'a pas le contrôle sur ce qui se produit dans toute la maison, il finira par être dépassé par les évènements, et la maison ne sera plus à lui encore moins à la famille, mais à la personne qui est venue s'installer du fait que personne ne contrôlait cette maison.

Contrôler, d'autres verront que c'est trop fort comme mot.

Mais montrez-nous une nation grande, une grande puissance ou une puissance stable qui est déstabilisée par le premier venu.

Existe-t-il une grande puissance qui ne contrôle rien sur son territoire ?

Existe-t-il une grande puissance qui ne contrôle pas tout son territoire ?

Existe-t-il une grande puissance qui ne met pas tout en œuvre pour contrôler la totalité de ce qui se produit sur son territoire ?

Mais qui est à l'origine de cela ?

C'est le chef de la nation et ses collaborateurs ainsi que les populations elle-même dans d'autres circonstances.

Il ne faut pas se laisser duper et accepter le fait que ne pas suivre de près tout ce qui se passe dans le territoire est acceptable et normal et qu'il faut faire les choses ainsi.

Le royaume d'Arabie saoudite a besoin de rendre son intérieur encore plus fort que son extérieur.

Et cela passe par l'efficacité de ce pilier 9.

La garde nationale ne doit pas être que la garde nationale, mais la nation qui est gardée.

La fonction publique doit aller au-delà et devenir le peuple qui œuvre pour la nation.

Quel est le bon exemple ?

Les nations européennes ?

Qui dira qu'il est le meilleur exemple ?

Les nations du continent américain ?

Le continent africain est-il le bon exemple ?

Le meilleur exemple est tout simplement l'exemple que nous mettons en place qui nous permet de pouvoir rendre notre territoire fort de l'intérieur.

Le meilleur exemple est celui qui naîtra et que d'autres voudront copier.

Les technologies agricoles ou autres ne sont pas nées dans les nations qui aujourd'hui les développent ou les mettent plus en évidence.

Alors qui est le meilleur exemple ?

Celui qui peut se saisir de ce qui lui appartient pour en faire quelque chose de meilleur et de grand ou celui qui ne fait que faire évoluer une science juste pour la faire évoluer ou parce qu'on lui dit que c'est la meilleure manière de faire ?

La science n'évolue pas ou ne doit pas évoluer parce que juste nous voulons faire évoluer la science ou disons parce que nous menons juste des recherches pour les mener.

Nous devons developper notre science pour sécuriser notre nation.

Nous devons sécuriser notre science pour developper l'intérieur de notre nation.

La fonction publique doit être non pas que modernisée, mais sécurisée et un instrument de sécurité.

La fonction publique ne doit pas être que pour des besoins administratifs ou juste une représentation des institutions du royaume.

La fonction publique doit être une continuité de la sécurité intérieure.

Elle doit être une continuité de la garde nationale.

Ce n'est pas parce que nous sommes dans un bureau de l'administration publique et que nous nous occupons de dossiers administratifs que nous devons juste nous limiter à cela et ne pas être une main de la nation contre tout attaque extérieure comme intérieure

Nous devons aller au-delà et devenir un gardien du royaume.

Ce n'est pas parce que je travail à l'entretien des routes de la municipalité que je ne dois pas être un gardien du royaume.

Si nous n'avons pas des gardiens du royaume dans tous les secteurs publics de notre territoire alors nous avons quelqu'un d'autre.

Si vous n'avez pas quelqu'un qui est avec vous et pour vous, vous avez certainement le contraire notamment quelqu'un qui est contre vous et n'est pas pour vous.

Saudi Arabia, 1ère puissance mondiale en une vingtaine d'années

L'exercice d'une force sur des terres conquises et au-delà

Si vous avez quelqu'un qui dit travailler dans le public et n'est pas un autre de la garde nationale, il est certainement en train de faire quelque chose d'autre.

On ne peut être à la fois saoudien et ne pas l'être.

On ne peut pas à la fois faire partie du royaume et ne pas en faire partie.

Il faut choisir.

Mais le choix peut parfois être impulsé par le royaume.

Si le peuple n'arrive pas à le faire, il est tout fait possible de mettre en place cette stratégie.

Le monde a-t-il changé ?

Les Hommes ont-ils changé ?

Les poissons ont-ils changé ?

Avoir des réseaux de communication, pouvoir voir comment les autres peuples se comportent ne veut pas dire que nous devons faire comme ces peuples-là.

Permettre à notre peuple d'avoir accès à des outils d'informations ne veut pas dire qu'il faut que le peuple du royaume d'Arabie saoudite ressemble à un peuple du nord ou de l'est ou de l'ouest ou du sud.

Jamais vous ne verrez un canadien accepter d'être confondu à un américain des USA ; et le Canada pose des pas pour.

Il faut renforcer la sécurité intérieure afin que cette dernière serve à maintenir en vie le royaume.

Saudi Arabia, 1ère puissance mondiale en une vingtaine d'années

L'exercice d'une force sur des terres conquises et au-delà

Ce n'est pas parce qu'une personne à l'habitude de crier dans sa maison qu'elle doit venir le faire chez vous lorsque vous l'y invitez.

Ce n'est pas parce qu'une personne abuse de l'alcool chez lui que lorsque vous l'invitez il doit réclamer qu'on lui donne de l'alcool et même qu'on lui permette de consommer cet alcool comme il veut et où il veut.

Ce n'est pas de la liberté ou la démocratie, mais c'est juste qu'il ne respect pas l'environnement dans lequel il est et ne veut pas respecter cet environnement.

Et si nous le laissons faire ce qu'il veut, il finira par demander la royauté et même ce que possède la royauté.

Saudi Arabia, 1ère puissance mondiale
en une vingtaine d'années
L'exercice d'une force sur des terres conquises et au-delà

Piller 10 : Travail

Le travail est le moteur du développement quel qu'il soit.

Si nous ne travaillons pas pour le royaume et au sein du royaume, comment voulons-nous obtenir un développement ?

Le travail est l'outil qui permet à des nations de passer d'un niveau inférieur à un niveau supérieur.

C'est le travail qui a permis à certains royaumes dans le passé d'être à la pointe de la technologie, des recherches et de la science…

Le travail ou disons le pilier du travail doit être dans toutes les sphères de la société saoudienne.

Ce n'est pas parce que nous entendons travail que forcément le salaire que nous devons avoir est ou sera à la hauteur du travail.

Souvent nous mesurons ou comprenons mal le mot travail et nous l'attribuions à la richesse financière ou des revenus colossaux.

Le travail lorsque nous l'arpentons doit nous permettre d'être en activité et de ne pas être oisifs.

Car l'oisiveté est une source des conflits internes des nations.

L'oisiveté conduit ou permet ou actionne la révolte.

Et lorsque la révolte est en marche rien ne peut l'arrêter parce qu'elle est alimentée non pas que par des pensées, mais encore plus, le fait de ne pas être en activité.

L'activité fait oublier que nous traversons des difficultés.

L'activité nous permet de garder l'espérance en ce que ce que nous semons ne restera pas vain.

L'activité nous permet d'être toujours dans le sens de ce qui va ou risque d'arriver.

Le pilier du travail doit toujours rester présent.

Si nous perdons cette manne qu'est le travail, nous perdons ce qui nous donne la force de continuer notre marche dans le désert.

La confiance en ce que nous arriveront à une sortie satisfaisante est impulsée par le maintien de l'activité.

L'activité ! l'activité ! l'activité ! voici ce qui doit toujours sonner et résonner.

Pas l'activité pour de grosses rémunérations.

Mais l'activité parce que cela donnera à chacun de prendre confiance en ce que nous bâtissons.

Cela donnera à chacun de mesurer que ce qui se fait, se fait pour tous, pour chaque saoudien .

Le travail doit être présent pour chaque saoudien même si ses revenus ne sont pas consistants.

Il faut maintenir le peuple saoudien en activité.

Que ce soit une activité dans le royaume ou à l'international.

Saudi Arabia, 1ère puissance mondiale en une vingtaine d'années

L'exercice d'une force sur des terres conquises et au-delà

Maintenir une population en activité évite de trouver quelqu'un dans la rue ou au carrefour.

Maintenir un peuple en activité évite de retrouver le peuple sur la place publique en train de manifester et demander ce qui n'est pas réalisable dans l'immédiat voire irréalisable.

Plusieurs se sont levés et ont rendu leur propre nation faible parce que justement ils réclamaient ce qui n'était pas possible d'obtenir dans l'instant.

On ne peut pas vouloir et s'attendre à recevoir ce que telles ou telles nations ont chez eux.

Et pour ne pas arriver à cela il faut maintenir chaque saoudien en activité.

L'activité ou disons le travail ce n'est pas juste dans le royaume mais au-delà.

Faire sortir des personnes pour aller travailler pour le royaume en dehors du royaume ouvre les yeux de chacun sur ce qui se passe vraiment et sur le fait qu'ailleurs ce n'est pas tant l'eldorado que cela.

Si les moyens de communications conduisent le peuple à croire que ce qu'il voit est la réalité, il faut tout juste lui proposer d'être en activité que ce soit dans le royaume ou en dehors du royaume.

Mettre en place des projets permettant de mettre le royaume tout entier en activité.

Plusieurs pays ne l'ont pas compris et essaient de résoudre leurs difficultés économiques ou autres, mais une chose pourrait répondre à une grande partie des révoltes ou des contestations, c'est le travail .

Saudi Arabia, 1ère puissance mondiale en une vingtaine d'années

L'exercice d'une force sur des terres conquises et au-delà

Et lorsque ce travail est impulsé par le royaume, il est difficile de se retourner contre ce royaume.
Lorsque votre emploi est impulsé par votre père, il vous sera difficile de vous révolter contre ce père à moins que vous soyez une personne non reconnaissante.
Et encore là il est très rare de tomber sur ce cas de figure.
Quelqu'un qui reçoit un présent, il est très rare qu'il ne vous ouvre pas les portes de son cœur.
Il en est de même pour le travail que nous donnons à notre peuple.
Ce n'est pas que du travail, mais c'est tout simplement un présent qui ouvre le cœur du peuple à son père, à son roi ,à son royaume et à ses institutions.

Saudi Arabia, 1ère puissance mondiale en une vingtaine d'années
L'exercice d'une force sur des terres conquises et au-delà

Choisir une place et la posséder

Voici « une place pour l'Arabie Saoudite parmi les puissances : 1e – 2e – 3e – 4e – 5e »

Laquelle veut-elle ?

Quelle place faut-il au royaume ou disons quelle place le royaume saoudien désire t-il ?

Il faut en effet désirer une place.

Il faut en effet désirer quelque chose de meilleure.

Si nous nous satisfaisons de notre position alors ne nous attendons pas à developper notre pays ou à le rendre prospère plus qu'il ne l'est.

Chaque nation qui se perche dans la liste des grandes puissances a désiré et a fait le choix de courir dans ce sens-là.

Si vous ne choisissez pas, comment pouvez-vous ou voulez-vous courir ?

Avant de courir, il faut choisir le sens dans lequel vous voulez courir.

Avant de courir, il faut faire le choix soit d'aller à gauche ou d'aller à droite.

On ne décide pas de courir juste parce que nous voulons courir ou parce qu'il faut courir.

On court pour un but.

Et si notre but n'est pas d'atteindre un but bien précis alors notre course est vaine.

Si nous mettons en place des plans de relance ou de développement qui n'ont pas de focus réels alors nos plans de relance ne sont que la copie des plans que nous trouverons partout ailleurs.

Or lorsque nous commençons à copier ce qui se fait partout ailleurs, nous ne pouvons pas prétendre prendre une posture de grande puissance ou arriver à cette hauteur.

Le choix doit se faire et se faire maintenant.

Pas demain, pas dans plusieurs années , pas après avoir vu si oui ou non notre économie s'élève ou prend de la vigueur.

Ce n'est pas ce que nous avons que nous espérons, mais ce que nous n'avons pas encore touché ni gouté que nous espérons.

Nous pouvons y songer donc nos pensés peuvent aller dans ce sens mais tant que nous ne décidons pas et ne choisissons pas, nous ne parviendrons pas à ce stade.

Pourquoi rester derrière tandis que nous avons la possibilité de passer devant ?

Pourquoi rester derrière quand notre seule capacité est de passer devant ?

Pourquoi ressembler à un autre qui cherche juste à être un pays reconnu comme étant fort économiquement ?

Pourquoi ne pas choisir maintenant de marcher dans une direction ?

Marcher dans une direction c'est marcher pour devenir.

Les grandes puissances, qui existent ne travaillent pas pour autre chose que pour le maintien dans les plus hautes sphères du monde.

Elles ne travaillent que pour rester toujours et encore et encore.

Si jamais vous goûtez à des mets circulants, allez vous dire : non je n'en veux plus ?

Ou aller vous plutôt dire : ajoute encore !

Évidemment vous voudriez que celui qui vous donne ces mets ajoute encore et que cela ne s'arrête jamais.

Vous voudriez que celui qui vous donne ces mets ajoute encore et n'arrête pas.

Il faut choisir si nous voulons qu'il soit ajouté encore à ce que nous sommes et possédons ou si nous voulons juste garder ce que nous avons.

Garder ce que nous avons sans vouloir qu'il soit ajouté encore c'est vouloir retourner dans les temps d'instabilités.

Il y a de la place.

Si vous choisissez c'est le choix que vous voulez qui sera.

Si vous ne choisissez pas c'est ce que vous voulez qui se fera.

Dans tous les cas, il y aura un résultat .

Et ce résultat, soit c'est nous qui décidons ce qu'il doit être et ce que nous voulons qu'il soit et ce que nous désirons qu'il soit ou c'est quelqu'un d'autre qui décidera à notre place la place que nous devons occuper parmi les nations.

Les générations passent et chaque époque permet et donne l'opportunité d'être.

Saudi Arabia, 1ère puissance mondiale
en une vingtaine d'années
L'exercice d'une force sur des terres conquises et au-delà

Mais cette opportunité qui se laisse posséder par les temps et les circonstances crées ou qu'elle donne ne restera pas toujours nôtre car une autre génération arrive et nul ne sait ce qu'elle pense ou projette et même fera.

Printed by Books on Demand GmbH, Norderstedt / Germany